JN307786

呂氏春秋

町田三郎

講談社学術文庫

まえがき

秦の始皇帝の宰相　呂不韋およびその賓客たちの編集にかかる『呂氏春秋』百六十篇は、十二紀・八覧・六論の三部門から構成されている。むろん一時にでき上がったものではない。始皇六年、前二四一年に十二紀が成立し、数年の後八覧・六論がその補遺としてつくられた。もとより、中心の思想は十二紀にある。

当時呂不韋は幕下の賓客三千人を誇っていた。こうした多くの賓客たちの手になった書であれば当然のこと、内容はさまざまで、儒・道・法などの学派の主張が入り混じっている。そこで漢代の図書目録である『漢書』の「芸文志」は、『呂氏春秋』を諸子の部の「雑家」の項に括っている。

しかし、ただ雑然と多様な主義主張が投げ出されているのでは意味はない。『呂氏春秋』は思想の書としてそこに工夫を凝らした。すなわち多様なものを統一づけるものとして当時の新思想である「時令」の説を採用したのである。

従前から人間の正しい生き方として、「道」や「天」に従えといわれてきた。理窟ではわかるが、実のところ具体的にどう行動すればよいのか判然としない。この点を「時令」は明らかにする。まず一年を春夏秋冬の四季に、さらにこれを孟・仲・季の三節、つまり一ヵ月ごとに分割して、この季、この月の天文気候、自然の状態から人間の日常生活のありようを規定し、それに従って行動せよと指示する。『呂氏春秋』十二紀は、こうした「時令」をいう一文を各季の冒頭においてその季の性格を規定し、以下それに見合った人事教訓をいう四篇ずつを附載する。多くは具体的な説話の形式である。

本書は『呂氏春秋』の「十二紀」諸篇から主として説話を摘録した。これによって秦漢期の社会や思想の一断面が理解されれば幸いである。

二〇〇四年　秋

町田　三郎

目次

Ⅳ　冬の節……247

※本書は、最初に各段の現代語訳、次に書き下し文と原文、その後に◉で示した語注、▼印以下には解説が続く構成を採用した。

呂氏春秋

I　春の節

天地和同し、草木繁同す

（春の陽気にさそわれて、万物は発芽し生育する）

一　立春

この月は立春に入る。立春に先立つこと三日、太史はその旨を天子に告げる。その辞に「某日が立春です。天の生育の徳は、木の位にあります」という。天子は三日の間斎戒する。立春の当日には、天子はみずから三公・九卿・諸侯・大夫を引きつれて、東の郊外に出て迎春の儀式を行い、王城へ帰ってから公・卿・諸侯・大夫に賞を与える。三公に命じて徳政を行い、禁令を和らげ、功労者には賞を与え、困窮者には恩恵を施し、下は兆民に及ぼす。賞賜は公平に行い、不公平にならないようさせる。
(孟春紀)

是の月や、立春なるを以て、立春に先立つ三日、太史之を天子に謁げて曰わく、「某日立春、盛徳木に在り」と。天子乃ち斎す。立春の日、天子親ら三公・九卿・諸侯・大夫を率いて、以て春を東郊に迎え、還りて、乃ち公卿・諸侯・大夫を朝に賞す。相に命じて徳を布き令を和らげ、慶を行い恵を施し、下兆民に及ぶ。慶賜遂行して、当たらざること有るなからしむ。

是月也、以立春、先立春三日、太史謁之天子曰、某日立春、盛徳在木。天子乃斎。立春之日、天子親率三公九卿諸侯大夫以迎春於東郊、還、乃賞公卿諸侯大夫於朝。命相布徳和令、行慶施恵、下及兆民。慶賜遂行、無有不當。

◉太史——礼官。天文や暦のことを担当する。◉謁ぐ——告げる。◉兆民——衆民。多くの人民。

▼『呂氏春秋』十二紀の各紀の冒頭には「時令」を各月に振り分けた「月令」と呼ばれる一文がある。各月の太陽の位置と南中する星、五行との対応関係、時候、天子のなすべきこと、儀礼や政令、勧農のこと等々を定め、それに従って人間も行動せよと説く。そしてもしこれらの政令に違反した場合には、災害が降ると警告する。自然を見つめながら人間は何をすべきかを一年間を月ごとに割って仔細に規定したものである。

二　天子の職務

万物を最初にこの世に生じたものは天であり、これを養い育ててつくりあげるものは人である。天の生じた万物を養い育ててその生成の道に違わないようにするもの、これを天子という。だから天子の行動は、万物の天すなわち本性を全うすることを本務とする。そのために官吏も配置する。官吏を置くということは万民の生命を保全するためである。近ごろの暗君は、官吏を増やしてかえって民衆の生活を脅かしているが、それでは官吏を置いた目的に合致しない。たとえば軍隊を設置するようなもので、それは本来外敵の侵寇に備えるものであるのに、いまは軍隊をもつとかえって自分のほうから外国へ攻撃をしかけていく。それでは本来の軍隊設置の趣旨に合致しない。(孟春紀　本生)

始めて之を生ずる者は、天なり。養いて之を成す者は、人なり。能く天の生ずる所を養いて之を攖すなき、天子と謂う。天子の動くや、天を全うするを以て故となす者なり。此れ官のよりて立つところなり。官を立つるは生を全うするを以てなり。今世の惑主、官を多くして反って以て生を害するは、則ち之を立つる所為を失するなり。之を譬うるに兵を修むるは以て寇に備うるに、今兵を修めて反って以て自ら攻むるは、則ちまた之を修むる所為を失するが若し。

始生之者、天也。養成之者、人也。能養天之所生而勿攖之謂天子。天子之動也、以全天為故者也。此官之所自立也。立官者以全生也。今世之惑主、多官而反以害生、則失所為立之

矣。譬之若修兵者、以備寇也、今修兵而反以自攻、則亦失所為修之矣。◉故――事、具体的には政治。◉撄す――戻（れい）と同じ、もとること。天の万物を生成する道にもとること。◉官――官吏。

三　大切なものは何か

いったい水の本性は清らかなのだが、土がそれを濁（にご）すので、清（す）んではいない。人も本来は長生きするものだが、欲望が本性を乱すので、長生きできない。財貨などの外物は人の性を養うものであって、人が物に奉仕するものではない。ところがいまの時代の人で分別のない者は、外物のために本性を傷つけて奉仕しているが、それは何が大事で何が大事でないかわからないからである。このように物の軽重（けいちょう）がわからないので、重いものを軽く考え、軽いものを重いと思う。それでは行動するたびに失敗することとなる。こうした人が君主となれば道理に背（そむ）いた行為をし、臣下となれば秩序を乱し、子となれば狂気の行動をとろう。こうした悖主（はいしゅ）・乱臣・逆子が国に一人でもいれば、よほどの幸運でもなければその国は必ず亡（ほろ）びる。（孟春紀　本生）

夫れ水の性は清し。土なる者之を抇す、故に清きことを得ず。人の性は寿なり。物なる者之を抇す、故に寿なることを得ず。物なる者は以て性を養うところなり。性を以て養うところに非ざるなり。今世の人、惑える者多く性を以て物を養うは、則ち軽重を知らざるなり。軽重を知らざれば、則ち重き者を軽と為し、軽き者を重と為す。此の若くんば、則ち動くごとに敗れざるなし。此れを以て君となれば悖り、此れを以て臣となれば乱れ、此れを以て子となれば狂す。三つの者、国に一あれば幸なければ必ず亡びん。

夫水之性清。土者抇之、故不得清。人之性寿。物者抇之、故不得寿。物也者、所以養性也。非所以性養也。今世之人、惑者多以性養物、則不知軽重也。不知軽重、則重者為軽、軽者為重矣。若此、則毎動無不敗。以此為君悖、以此為臣乱、以此為子狂。三者国有一焉、無幸必亡。

◉抇す——濁す。乱す。　◉悖る——道理にそむく。　◉三つの者——悖主・乱臣・逆子。　◉無幸——僥倖で存在するのでなければ、の意。

四　生を全うする道

いま、ここに声があり、耳でこれを聴くと必ず気持ちよく感じる。しかしそれを聴いていると耳が聴こえなくなるならばだれも聴こうとしない。ここに色があり、目がそれを視ると必ず気持ちよく感じる。しかしそれを視ていると盲目になるならばだれも視ようとしない。ここに料理があり、口がそれを食べると必ず美味しく感じる。しかしそれを食べていると口がきけなくなるならばだれも食べようとしない。だから聖人の声色滋味に対する態度は、生に利益があればそれを取り、生に害があれば捨てるのである。それが生を全うする道というものである。ところが世の富貴なる者の声色滋味に対する態度は、分別のないものが多い。昼となく夜となく追い求め、うまく手に入れるとそれに溺れ惑う。惑溺したならば、どうして生が傷つきそこなわれないことがあろうか。（孟春紀　本生）

今此に声ありて耳之を聴けば必ず慊よし。已に之を聴かば則ち人をして聾ならしめば、必ず聴かざらん。此に色ありて目之を視れば必ず慊よし。已に之を視れば則ち人をして盲ならしめば、必ず視ざらん。此に味ありて口之を食わば必ず慊よし。已に之を食わば則ち人をして瘖ならしめば、必ず食わざらん。是の故に聖人の声色滋味に於けるや、性に利あれば則ち之を取り、性に害あれば則ち之を舎つ。此れ性を全くするの道なり。世の貴富なる者は、その声色滋味に於けるや惑える者多し。日夜に求め、幸にして之を得れば則ち遁る。遁れば、性悪んぞ傷らざるを得ん。

今有声於此、耳聴之必慊。已聴之則使人聾、必弗聴。有色於此、目視之必慊。已視之則使人盲、必弗視。有味於此、口食之必慊。已食之則使人瘖、必弗食。是故聖人之於声色滋味也、利於性則取之、害於性則舎之。此全性之道也。世之貴富者、其於声色滋味也多惑者。日夜求、幸而得之則遁焉。遁焉、性悪得不傷。

◉性――生に同じ。　◉遁る――度が過ぎて溺れ惑うこと。

▼『老子』の第十二章に「五色は人の目をして盲ならしめ、五音は人の耳をして聾ならしめ、五味は人の口をして爽わしめ、馳騁田猟は、人の心をして狂を発せしむ。得難きの貨は、人の行いをして妨げしむ。是を以て聖人は、腹を為して目を為さず。故に彼れを去てて此れを取るなり」とある。『呂氏春秋』のこの章は、老子の十二章を節略したもので、いわんとするところは快楽主義の否定にある。

五　全徳の人

大勢のものが弓を持っていっしょに一つの的(まと)を射(い)たならば、的に当たらないことはない。美しいものの数々が、いっせいに一つの生命に害を集中したならば、生命を傷つけないことはない。反対に身体によいということを集中したならば、生命は長久である。だから聖人が万物を統制する仕方は、それぞれの天性に順(したが)い全(まっと)うするということである。天性に順えば、精神は調和し、目ははっきりとものを見、耳はさとく、鼻はよく臭いをかぎ、口味も敏感で、身体の三百六十の骨骼(こっかく)もみなよく通じ合う。このような人は、口に出していわなくても信頼され、謀(はかりごと)をめぐらさなくても当たり、よく考えないでも万事うまくゆく。精神は天地に通じ宇宙を覆(おお)っているからである。だからいかなる対象でも受け容(い)れ、またつつみこまないものはない。それはまるで天地のようだ。こういう人は上は天子となっても驕(おご)ることなく、下(しも)は庶民となっても悶(もだ)え悩むことはない。これを全徳の人というのである。(孟春紀　本生)

万人弓を操(と)りて共に一招(いっしょう)を射(い)れば、招中(あた)らざることなからん。万物章章、以(もっ)て一生を害せば、生傷(やぶ)らざるなからん。以て一生を便(べん)にせば、生長(せいちょう)ぜざるなからん。故(ゆえ)に聖人の万物を制するや、以てその天を全(まった)くするなり。天全ければ則(すなわ)ち神和(わ)し、目明らかに、耳聡(そう)に、鼻臭ぎ、口敏く、三百六十節皆通利す。此の若き人は、言わずして信、謀らずして当たり、慮らずして得。精は天地に通じ、神は宇宙を覆う。その物に於けるや受けざるなく、裹まざるなきこと、天地の若く然り。上は天子と為りて驕らず、下は匹夫と為りて惛えず。此れを之れ全徳の人と謂う。

万人操弓共射一招、招無不中。万物章章、以害一生、生無不傷。以便一生、生無不長。故聖人之制万物也、以全其天也。天全則神和矣、目明矣、耳聡矣、鼻臭矣、口敏矣、三百六十節皆通利矣。若此人者、不言而信、不謀而当、不慮而得。精通乎天地、神覆乎宇宙。其於物無不受也、無不裹也、若天地然。上為天子而不驕、下為匹夫而不惛。此之謂全徳之人。

◉招——弓の的。　◉章章——明美なさま。　◉三百六十節——人間の身体の骨節をいう。　◉惛ゆ——憂悶の悶と同じ。もだえる。　◉全徳——完全無欠の徳。

六　富貴の三患

富貴になっても満足することを知らないならば、いずれは破滅の患難に至るだけで、それならばむしろ貧賤であったほうがよい。貧賤であれば物を手に入れることも難しいから贅沢して度を過ごそうにもする方法がない。外出には車に乗り、門内では輦に乗って精一杯楽をする。これを招蹷の機、つまり脚気のもとという。美味しい肉を食べ美酒を飲んで精一杯飲食に耽る。これを爛腸の食、つまり胃腸をくさらす食事という。きめ細かな肌、白い歯の美女たち、鄭や衛の淫らな音楽に精一杯うつつを抜かして楽しむ。これを伐性の斧、つまり性命をそこなう斧という。この三つの患害は、富貴が招いたものである。だから古の人の中には富貴になることを肯んじない者もいた。生命を重んずるからである。名誉のためにそうしたのではなく、自分の生命のためにそうしたのである。だからこのことはよく考察してみなければならない。

（孟春紀　本生）

貴富にして道を知らざれば、適たま以て患を為すに足る。貧賤なるに如かざるなり。貧賤の物を致すや難し、之に過ぎんと欲すと雖も奚くにか由らん。出づれば則ち車を以てし、入りては則ち輦を以てし、務めて以て自ら佚す。之を命づけて招蹷の機と曰う。肥肉厚酒、務めて以て自ら彊う。之を命づけて爛腸の食と曰う。靡曼皓歯、鄭衛の音、務めて以て自ら楽しむ。之を命づけて伐性の斧と曰う。三患なる者は、貴富の致すところなり。故に古の人貴富を肯んぜざる者あり。生を重んずるに由るの故なり。夸るに名を以てするに非ざるなり。その実の為なり。則ち此の論の察せざるべからざるなり。

貴富而不知道、適足以為患。不如貧賤。貧賤之致物也難、雖欲過之奚由。出則以車、入則以輦、務以自佚。命之曰招蹷之機。肥肉厚酒、務以自彊。命之曰爛腸之食。靡曼皓歯、鄭衛之音、務以自楽。命之曰伐性之斧。三患者、貴富之所致也。故古之人有不肯貴富者矣。由重生故也。非夸以名也。為其実也。則此論之不可不察也。

◉招蹷の機――蹷は痿蹷、脚気の類の病気。招は、致す。脚気の病をまねく機。◉肥肉厚酒――脂肪の多い美味な肉と濃い美酒。◉靡曼皓歯――きめ細かな肌と白い歯。美人のこと。◉鄭衛の音――鄭国や衛国の淫らな音楽。◉三患――招蹷の機、爛腸の食、伐性の斧。

七　わが身こそ大事

倕は名工である。しかし人が倕の指を愛さずに自分の指を大事にするのは、倕の指ほどに巧みな仕事はしなくとも指が自分のものであることが利益だからである。人が、崑山の玉や江漢の珠をほめたたえないで、自分の安ものの宝石を大事にするのは、そうたいした値うちがなくとも宝石が自分のものであることが利益だからである。いま、生命は自分のもちものであって、その利益たるやいたって大きい。貴賤の観点からいえば、爵位を与えられて天子となってもわが生命に比ぶべくもない。軽重の観点からいえば、世界中の富を一身に集めてもわが生命に比ぶべくもない。安危の観点からいえば、一朝これを失えば二度と手に入れることはできない。この貴賤・軽重・安危の三つの要点について、正しい生き方を求めるものは慎重でなければならない。（孟春紀　重己）

倕は至巧なり。人、倕の指を愛さずして、己れの指を愛するは、之を有するの利なるが故なり。人、崑山の玉、江漢の珠を愛さずして、己れの一蒼璧小璣を愛するは、之を有するの利なるが故なり。今吾が生の我が有たる、我れを利すること亦た大なり。その貴賤を論ずれば、爵天子と為るも、以てこれに比するに足らず。その軽重を論ずれば、富天下を有つも、以てこれに易うべからず。その安危を論ずれば、一曙これを失わば、終身復た得ず。此の三者は有道者の慎むところなり。

倕、至巧也。人不愛倕之指、而愛己之指、有之利故也。人不愛崑山之玉、江漢之珠、而愛己一蒼璧小璣、有之利故也。今吾生之為我有、而利我亦大矣。論其貴賤、爵為天子、不足以比焉。論其軽重、富有天下、不可以易之。論其安危、一曙失之、終身不復得。此三者、有道者之所慎也。

◉倕――尭の時の名工の名。　◉崑山の玉――崑崙山から産出する玉。　◉江漢――揚子江と漢水。伝説に「江漢に夜光の珠有り」という。　◉蒼璧――玉の中に石の混じったもの。　◉璣――いびつの真珠。　◉一曙――一朝、一旦に同じ。

慎重でありながらかえって身をそこなうのは、人間本性の真実に理解が及んでいないからである。理解が及んでいないならば、慎重であったとて何の利益があろう。それは瞽者が子どもを愛しながら、その子に目に悪いという糠の枕を与えるようなものである。それはまた聾者が赤ん坊を養いながら、雷鳴のとどろくときそっと足音をしのばせて赤ん坊をうかがい見るようなものである。これではいっこうに慎重であるべきことの要点が活きてこない。いったい慎重であるべきことの要点がわかっていないものは、生と死、存と亡、可と不可の分別も始めからない。始めから分別がないのでは、そのかれが是というものは是ではないし、非というものもまた非ではない。是は非であり、非は是というように是非が顚倒すること、これを大惑、おおいなる惑いという。このような人は、天が禍を与えたものである。こうした考えで自分を律したならば、必ず死亡の禍にかかり大きな殃にあうだろう。またこうした考えで国家を治めたならば、国家はそこなわれ滅亡しよう。いったい死や災禍や国家の衰滅というものは、しぜんにやってくるのではない。その任にある者の迷いが招きよせるのである。反対に長寿や国運の隆盛も同じ道理である。だから有道者、正しい道を求める者は、行動の結果を考えるのではなくて、その原因となるところの、惑いや慎重さという点をはっきりさせるのである。それは結果として現れたものは、押し止めようがないからである。このことはよくよく熟考してみなければならない。（孟春紀　重己）

之を慎みて反って之を害する者あるは、性命の情に達せざればなり。性命の情に達せざれば、之を慎むとも何ぞ益あらん。是れ師者の子を愛するなり。之に枕せしむるに糠を以てするを免れず。是れ聾者の嬰児を養うなり。雷に方たって之を堂に窺う。殊だ慎むことを知らざる者あり。夫れ慎むことを知らざる者は、是れ死生・存亡・可不可、未だ始めより別あらざるなり。未だ始めより別あらざるものは、その謂うところの是は未だ嘗て是ならず、その謂うところの非は未だ嘗て非ならず。是はその謂うところの非にして、非はその謂うところの是なる、此れをこれ大惑と謂う。此くの若きの人は、天の禍するところなり。此れを以て身を治むれば、必ず死し必ず殃あり。此れを以て国を治むれば、必ず残い必ず亡ぶ。夫れ死殃残亡は、自ら至るに非ざるなり。惑い之を召くなり。寿長の至るも常に亦た然り。故に有道者は召くところを察せずして、その之を召く者を察す。則ちその至るや禁ずべからず。此の論熟せざるべからず。

有慎之而反害之者、不達乎性命之情也。不達乎性命之情、慎之何益。是師者之愛子也。不免乎枕之以糠。是聾者之養嬰児也。方雷而窺之于堂。有殊弗知慎者。夫弗知慎者、是死生存亡可不可、未始有別也。未始有別者、其所謂是未嘗是、其所謂非未嘗非。是其所謂非、非其所謂是、此之謂大惑。若此人者、天之所禍也。以此治身、必死必殃。以此治国、必残必亡。夫死殃残亡、非自至也。惑召之也。寿長至常亦然。故有道者、不察所召、而察其召之者。則其至不可禁矣。此論不可不熟。

◉性命の情——天から与えられた人間の本性、もちまえ。情は真実。◉師者——盲目の楽師。◉殊——甚に同じ。◉召くところ——招きよせた結果。◉召く者——召く

（所以）の者、の略。招きよせる原因となるもの、の意。

八　長生きの秘訣

力持ちの烏獲に牛の尾を力いっぱい引っぱらせ前進させようとしても、牛の尾は切れ烏獲の力を使いきっても、牛を前進させることはできない。それは逆のことをしているからである。五尺にも満たない童子に牛の鼻輪を引かせたならば、牛は引く者の意のままに行動する。それは順、自然だからである。世の中の諸侯や貴族たちは、だれでも長生久視、すなわち長寿を欲しない者はない。しかし毎日毎日本来の生に逆らうような行いをしていたのでは、長寿を願ったとて、何のためになろう。いったい寿命が長いというのは、順、自然に生きるからである。これを妨げて不順な生き方をさせているものは、人間の欲望である。だから聖人は必ずまず人の欲望を適度にするのである。（孟春紀　重己）

烏獲をして疾く牛尾を引かしめば、尾絶え力勤くとも、牛行くべからざるは、逆らえばなり。五尺の豎子をしてその棬を引かしめば、牛之かんと欲するところを恣にするは、順えばなり。世の人主・貴人、賢不肖となく長生久視を欲せざるものなし。而るに日にその生に逆らえば、之を欲するも何ぞ益あらん。凡そ生の長きや、之に順えばなり。生をして不順ならしむる者は、欲なり。故に聖人は必ず先ず欲を適にす。

使烏獲疾引牛尾、尾絶力勯、而牛不可行、逆也。使五尺豎子引其棬、而牛恣所欲之、順也。世之人主貴人、無賢不肖、莫不欲長生久視、而日逆其生、欲之何益。凡生之長也、順之也。使生不順者、欲也。故聖人必先適欲。

◉烏獲――戦国時代の秦の武王に仕えた力士で、よく千鈞を挙ぐ、という。◉勯く――尽くすこと。◉五尺の豎子――子供を言う。◉棬――牛の鼻木、鼻輪のこと。◉長生久視――元気で長生きすること。久視は久生と同じ。

九　奢侈は身の毒

大きな家には陽のさしこまぬ陰の部分が多く、高楼には陽がさしこむ陽の部分が多い。陰が多ければ脚気を病み、陽が多ければ筋肉痛となる。いずれも陰陽不調和のもたらす病である。こういうわけで先王たちは、大きな家に住まず、高閣をつくらず、食事は珍味を集めず、衣服は分厚くして熱くはしない。分厚くして熱をもたせると身体の脈理が塞がり、脈理が塞がると陰陽の気がうまく交流しなくなる。珍味を集めて食事をすると腹はいっぱいになる。腹がいっぱいになると胸のつかえを引き起こす。胸のつかえが起きると陰陽の気がうまく交流しなくなる。こういう状態で長生きしたいと願ってもどうしてできようか。昔、聖王たちが狩り場として苑囿園池をつくったのは、それを観望することによって心を慰めその身を娯しませれば十分であり、宮殿楼閣をつくったのは乾燥や湿気、つまり風雨に備えればよく、車馬や衣服をつくったのは、身体を休ませ暖をとるためであり、食べものや酒や甘酒をつくったのは、味覚に調和させ空腹を満たせばこと足り、音楽をつくったのは、心を落ち着かせ喜び楽しむためである。すべてこの五つのものは、聖王の心をより豊かにするためのものであった。これらはむりに倹約し出費を惜しんで質素にしたのではなく、それが本性、もちまえの心にぴったり合っていたからである。（孟春紀　重己）

室大なれば則ち陰多く、台高ければ則ち陽多し。陰多ければ則ち蹷し、陽多ければ則ち痿す。此れ陰陽不適の患なり。是の故に先王は大室に処らず、高台を為らず、味は衆珍せず、衣は燀熱せず。燀熱なれば則ち理塞がる。理塞がれば則ち気達せず。味衆珍すれば則ち胃充つ。胃充つれば則ち中大いに鞔す。中大いに鞔すれば而ち気達せず。此れを以て長生せんとするも得べけんや。昔、先聖王の苑囿園池を為るや、以て観望して形を労するに足るのみ。その宮室台榭を為るや、以て燥溼に備うるに足るのみ。その輿馬衣裘を為るや、以て身を逸し骸を煖むるに足るのみ。その飲食醯醴を為るや、以て味に適し虚を充すに足るのみ。その声色音楽を為るや、以て性を安んじ自ら娯しむに足るのみ。此の五者は、聖王の性を養う所以なり。倹を好みて費を悪しむに非ざるなり、性に節すればなり。

室大則多陰、台高則多陽。多陰則蹷、多陽則痿。此陰陽不適之患也。是故先王不処大室、不為高台、味不衆珍、衣不燀熱。燀熱則理塞。理塞則気不達。味衆珍則胃充。胃充則中大鞔。中大鞔而気不達。以此長生可得乎。昔先聖王之為苑囿園池也、足以観望労形而已矣。其為宮室台榭也、足以備燥溼而已矣。其為輿馬衣裘也、足以逸身煖骸而已矣。其為飲食醯醴也、足以適味充虚而已矣。其為声色音楽也、足以安性自娯而已矣。此五者、聖王之所以養性也。非好倹而悪費也、節乎性。

◉台——うてな。榭は屋根をふいたうてなのことであるが、台榭で二階以上の立派な御殿というほどの意。◉蹷——脚気の類の病気。◉痿——筋肉のしびれる病気。◉衆珍——たくさんの珍味。◉鞔——懣と同じ。食べ過ぎで胸がつかえること。◉形を労す

――身体を休め疲れをほぐす。◉酏醴――粥をかもしてつくった酒。酏は清酒、醴は甘酒の一種。◉声色――音楽のこと。◉悪費――出費を惜しむこと。

一〇　政治の原則は公正

昔の聖王たちが天下を治めるときには、必ず公正を第一とした。公正な政治をすれば天下は平和であった。平和は公正であることから生まれる。ためしに上古の記録にあたってみても、天下を得た王者は数多いが、興隆するときには必ず公正で、滅亡するときは偏って公正を欠いている。いったい君主のよって立つところは、公正さにある。だから『尚書』の「鴻範篇」でこういっている。「王の道は公正で偏私も私党もなく、王道は平易でなくてはならぬ。民は不正をせず邪悪を行わず、ただ王の法則に従え。独善をなすことなく、王の道に従え。悪事を働かず、王の道に従え」と。（孟春紀　貴公）

昔、先聖王の天下を治むるや、必ず公を先にす。公なれば則ち天下平らかなり。平は公より得らる。嘗試に上志を観るに、天下を有得る者は衆し。その之を得るは必ず公を以てし、その之を失うは必ず偏を以てす。凡そ主の立つや、公より生ず。故に鴻範に曰わく、

「偏するなく党するなく、王道蕩蕩たり。偏するなく頗するなく、王の義に遵え。好を作す或るなく、王の道に遵え。悪を作す或るなく、王の路に遵え」。

昔先聖王之治天下也、必先公。公則天下平矣。平得於公。嘗試観於上志、有得天下者衆矣。其得之必以公、其失之必以偏。凡主之立也、生於公。故鴻範曰、無偏無党、王道蕩蕩。無偏無頗、遵王之義。無或作好、遵王之道。無或作悪、遵王之路。

◉公――公正。◉上志――古代の記録。◉鴻範――『尚書』の篇名。洪範とも書く。箕子が周の武王に与えた政論という。

一一 天下は一人の天下に非ず

天下はだれか一人の天下というわけではなくて、万人の天下である。陰陽の調和は、一種類だけを成長させるものではない。時節にかなって降る雨は、一つのものだけに恵を与えるものではない。万人の上に立つ君主は、一人だけをえこひいきするものではない。周公の子の伯禽は、任地の魯の国をどのように治めたらよいかを父に尋ねた。周公はいった。「公利を行って、私恵を施してはいけない」。荊（楚）の人で弓を落としたが、いっこうに探しもせず、こういう者がいた。「荊の人間が落とした弓を、荊の人間が手に入れるのだから、何もそう探しまわることもなかろう」。孔子はこれを聞くといった。「いっそ荊の国という限定をはずしたらよいのに……」。老聃はこれを聞いてさらにいった。「いっそ人間という限定をはずしたらよいのに……」。思えば老聃こそまことに公正である。天地は偉大である。物を生み出しながら私物化せず、つくり出しながら所有しない。万物はすべてその恩沢を受け、その利益を享受しながら、それをあたかも当然であるかのごとく考えている。古の三皇・五帝の治世がそうであった。（孟春紀　貴公）

天下は一人の天下に非ずして、天下の天下なり。陰陽の和は、一類を長ぜず。甘露時雨は、一物を私せず。万民の主は、一人に阿らず。伯禽まさに行かんとし、魯を治むる所以を請う。周公曰わく、「利して而も利すること勿れ」と。荊人に弓を遺すもの有りて、肯て索めず。曰わく、「荊人之を遺し、荊人之を得。又何ぞ索めん」と。孔子之を聞きて曰わく、「その『荊』を去らば可ならん」と。老聃之を聞きて曰わく、「その『人』を去らば可ならん」と。故に老聃は則ち至公なり。天地は大なり。生じて子とせず、成して有せず。万物皆その沢を被り、その利を得るも、その由りて始まる所を知るなし。此れ三皇・五帝の徳なり。

天下非一人之天下也、天下之天下也。陰陽之和、不長一類。甘露時雨、不私一物。万民之主、不阿一人。伯禽将行、請所以治魯。周公曰、利而勿利也。荊人有遺弓者、而不肯索。曰、荊人遺之、荊人得之。又何索焉。孔子聞之曰、去其荊而可矣。老聃聞之曰、去其人而可矣。故老聃則至公矣。天地大矣。生而弗子、成而弗有。万物皆被其沢、得其利、而莫知其所由始。此三皇・五帝之徳也。

◉陰陽の和――陰陽二気が調和して万物を生成することをいう。◉阿――私と同じ。えこひいきする。◉伯禽――周公の子。魯に封ぜられる。◉荊人――楚国の人。◉老聃――老子のこと。◉三皇・五帝――上古の聖天子。いくつかの説があるが、たとえば伏羲・女媧・神農の三皇と黄帝・顓頊・帝嚳・尭・舜の五帝。

一二　宰相の条件

管仲が病んだ。桓公は見舞いに行き、たずねた。「あなたの病気は重く、病むこともひどい。あなたが死ぬようなことがあったら、わたしはだれに国政を委せたらよいのであろうか」。管仲は答えた。「以前わたくしは精一杯これについて考えましたが、やはりだれがよいのかわかりませんでした。死期のさし迫ったいま、どうしてそれを申し上げられましょう」。桓公はいった。「これは重大なことです。どうかご指示ください」。管仲は敬しんで承諾し、いった。「あなたはだれを宰相にしたいのですか」。桓公はいった。「鮑叔牙ではどうだろうか」。管仲は答えた。「いけません。わたくしは鮑叔牙と親しい間柄でした。かれの人がらは、清廉潔白で、自分より劣っている者は、人として待遇せず、一度その人の過失を耳にすると生涯忘れない、という者です」。「仕方がなければ、隰朋ではどうだろうか」。「隰朋の人がらは、上世の賢人を手本として学んで、下の者にも質ねただし、己れの徳が黄帝に及ばないのを恥じ、しかも人が己れに及ばないことに同情の心をもっています。国内の状況に関しては聞知しないところがあり、物ごとについても知らない点をもち、人間に対してもわざと見ないところがあります。やむをえないということであれば、隰朋でよいのではないでしょうか」。いったい、大臣は大官である。大官に身をおく者は、細かな見通しやこざかしい智慧はいらない。だからこういう。「名工はみずから細工せず、名料理人はみずから調理せず、大勇は人と争わず、大兵は戦わない」と。桓公は公正さをとって個人的な憎しみを捨て、管仲を用いて戦国時代の五人の覇者のリーダーになった。しかしのちになって私愛に溺れ、佞臣の豎刁を用いたりしたので、御家騒動が起こり、死体も放置されそこに蛆が湧いて戸口まで這い出すひどい状況になってしまったのである。（孟春紀　貴公）

管仲病あり、桓公往きて之に問いて曰わく、「仲父の病病めり。漬むこと甚し。或し不諱あらば、寡人はた誰れに国を属せん」。管仲対えて曰わく、「むかし臣力を尽くし智を竭くすも、なお未だ以てこれを知るに足らざりしなり。いま病、朝夕の中に在り、臣奚ぞよく言わん」。桓公曰わく、「此れ大事なり。願わくは仲父の寡人を教えんことを」。管仲敬しみて諾して曰わく、「公誰れをか相とせんと欲する」。公曰わく、「鮑叔牙可ならんか」。管仲対えて曰わく、「不可なり。夷吾、鮑叔牙に善し。鮑叔牙の人と為りや、清廉潔直、己れに若かざる者を視れば、人に比せず。一たび人の過を聞けば、終身忘れず」。「已むこと勿くんば則ち隰朋それ可ならんか」。「隰朋の人と為りや、上志して下求し、黄帝に若かざるを醜じて、己れに若かざる者を哀れむ。その国に於けるや、聞かざるあるなり。その物に於けるや、知らざるあるなり。その人に於けるや、見ざるあるなり。已むこと勿くんば、則ち隰朋可ならん」。夫れ相は、大官なり。大官に処る者は、小察を欲せず、小智を欲せず。故に曰わく、「大匠は斲らず、大庖は豆かず、大勇は闘わず、大兵は寇せず」

と。桓公を行い私悪（しあく）を去りて、管子を用いて五伯（ごは）の長と為（な）り、私（わたくし）を行い愛するところに阿（おもね）って、豎刀（じゅちょう）を用いて虫戸（ちゅうこ）より出でたり。

管仲有病。桓公往問之、曰、仲父之病病矣。漬甚。或有不諱、寡人将誰属国。管仲対曰、昔者臣尽力竭智、猶未足以知之也。今病在於朝夕之中、臣奚能言。桓公曰、此大事也。願仲父之教寡人也。管仲敬諾、曰、公誰欲相。公曰、鮑叔牙可乎。管仲対曰、不可。夷吾善鮑叔牙。鮑叔牙之為人也、清廉潔直、視不己若者、不比於人。一聞人之過、終身不忘。勿已、則隰朋其可乎。隰朋之為人也、上志而下求、醜不若黄帝、而哀不己若者。其於国也、有不聞也。其於物也、有不知也。其於人也、有不見也。勿已乎、則隰朋可也。夫相、大官也。処大官者、不欲小察、不欲小智。故曰、大匠不斲、大庖不豆、大勇不闘、大兵不寇。桓公行公去私悪、用管子而為五伯長。行私阿所愛、用豎刀而虫出於戸。

◉仲父――管仲のこと。父は敬称。◉不諱――死をいう。忌（い）み避けても万人にやって来るものだから、の意。◉寡人――諸侯の自称。徳の寡（すくな）い人、の意。◉人に比せず――人として待遇しない。◉上志――上世の賢人を目標とする。◉下求――自分より地位の低い者にものごとをたずねる。◉豆――剅（とう）のこと。割（さ）く、の意。◉五伯――伯は覇と通じ、五人の覇者のことで、春秋時代の実力者斉桓・晋文・秦穆・宋襄・楚荘をさす。
◉豎刀——豎刁のこと。斉の桓公に仕えた宦官で、桓公の死後、易牙らとともに国を乱した。
▼「夫相、大官也……」以下の文章は、上文のはなしの筋とぴったりしない。桓公・管仲と関連がある、ということでここに付載されたものであろう。

一三　若いころは単純で愚か

人間は若いころは単純で愚かだが、年とともに賢くなる。しかし賢いが不公正であるよりは、愚かで公正であるほうがよい。昼間から酔っぱらっていながら衣服をきちんとし、私利を図りながら公正であろうとし、欲深くむさぼりながら王者たらんとすることは、聖人の舜でもできはしない。(孟春紀　貴公)

人の少きや愚、その長ずるや智なり。故に智にして私を用うるは、愚にして公を用うるに若かず。日に酔いて服を飾え、私利にして公を立て、貪戻にして王を求むるは、舜も為すこと能わざるなり。

人之少也愚、其長也智。故智而用私、不若愚而用公。日酔而飾服、私利而立公、貪戻而求王、舜弗能為。

◉服を飾う――飾は飭と同じ。ととのえること。衣服をきちんとする。　◉舜――尭と並ぶ上古の聖天子。

一四　だれを推薦するか

晋の平公が祁黄羊にたずねた。「南陽の県知事が空席だが、だれがこの地を治めるのに適任だろうか」。祁黄羊は答えた。「解狐がよろしいでしょう」。平公はいった。「解狐はあなたの仇敵ではないか」。答えていった。「あなたはだれが適任者かとおたずねになられ、それに答えました。わたくしの仇敵を問われたわけではありますまい」。平公はいった。「よし」。そこでこの人物を任用した。人々はいい人事だと称賛した。しばらくして平公はまた祁黄羊にたずねた。「国家の裁判官が欠員なのだが、だれがこの地位について適任だろうか」。答えていった。「午がよろしいでしょう」。平公はいった。「午はあなたの子どもではありませんか」。答えていった。「あなたはだれが適任者かをおたずねになられ、それに答えました。わたくしの子どもを問われたわけではありますまい」。平公はいった。「わかった」。またこの人物を採用した。人々はまたもやいい人事だと称賛した。孔子はこのはなしを聞いていった。「すばらしいことだ。祁黄羊の推挙は、外他人を挙げてはその仇をも避けず、内わが身内を挙げてはその子をも避けない」と。祁黄羊はまことに公正な人物だといえよう。（孟春紀　去私）

晋の平公、祁黄羊に問いて曰わく、「南陽に令なし。それ誰れか而く之を為むべきか」。祁黄羊対えて曰わく、「解狐可ならん」。平公曰わく、「解狐は子の讎に非ずや」。対えて曰わく、「君可なるものを問う。臣の讎を問うに非ざるなり」。平公曰わく、「よし」。遂に之を用う。国人善と称す。居ること間く有り。平公また祁黄羊に問いて曰わく、「国に尉なし。それ誰れか而く之を為むべきか」。対えて曰わく、「午可ならん」。平公曰わく、「午は子の子に非ずや」。対えて曰わく、「君可なるものを問う。臣の子を問うに非ざるなり」。平公曰わく、「よし」。また遂に之を用う。国人善と称す。孔子之を聞きて曰わく、「善なるかな。祁黄羊の論ずるや、外挙には讎を避けず、内挙には子を避けず」。祁黄羊は公なりと謂うべし。

晋平公問於祁黄羊曰、南陽無令。其誰可而為之。祁黄羊対曰、解狐可。平公曰、解狐非子之讎邪。対曰、君問可。非問臣之讎也。平公曰、善。遂用之。国人称善焉。居有間。平公又問祁黄羊曰、国無尉。其誰可而為之。対曰、午可。平公曰、午非子之子邪。対曰、君問可。非問臣之子也。平公曰、善。又遂用之。国人称善焉。孔子聞之曰、善哉。祁黄羊之論也、外挙不避讎、内挙不避子。祁黄羊可謂公矣。

◉祁黄羊――晋の大夫祁奚のこと。黄羊は奚の字。　◉間く有り――有頃と同じ。しばらくして、の意。　◉午――祁奚の子の名。

一五　墨者の法

墨家集団の最高指導者の腹䵍は、秦に住んでいたが、その子が殺人をした。秦の恵王はいった。「先生はいまや高齢で、ほかに子もいません。わたくしはすでに役人に命じて誅罰を加えないよう手配しました。先生もどうぞそのおつもりで処置してください」。腹䵍は答えた。「墨者の集団の規則にこうあります。『人を殺す者は死し、人を傷つける者は罰する』と。これは人を殺傷することを禁じるためです。いったい、人を殺傷することを禁ずるのは、天下の公法です。あなたはわたくしに好意を賜わって、役人に誅罰を加えないよう命じてくださいましたが、わたくしは墨家集団の規則を実行しないわけにはいきません」。腹䵍は恵王の好意にもかかわらず、その子をついに死刑にした。子は、親としてもっとも愛する者である。子への愛をおさえて公法を行った指導者腹䵍は、公正な人物だといえよう。（孟春紀　去私）

墨者に鉅子腹䵍有りて、秦に居、その子人を殺す。秦の恵王曰わく、「先生の年長ぜり、它子あるに非ず。寡人已に吏をして誅せざらしむ。先生此れを以て寡人に聴け」。腹䵍対えて曰わく、「墨者の法に曰わく、『人を殺す者は死し、人を傷つくる者は刑す』と。此れ人を殺傷するを禁ずる所以なり。夫れ人を殺傷するを禁ずるは、天下の大義なり。王之が賜を為し、吏をして誅せざらしむと雖も、腹䵍は墨者の法を行わざるべからず」。恵王に許さずして、遂に之を殺す。子は、人の私するところなり。私するところに忍びて以て大義を行う。鉅子は公なりと謂うべし。

墨者有鉅子腹䵍、居秦、其子殺人。秦恵王曰、先生之年長矣、非有它子也。寡人已令吏弗誅矣。先生以此聴寡人也。腹䵍対曰、墨者之法曰、殺人者死、傷人者刑。此所以禁殺傷人也。夫禁殺傷人者、天下之大義也。王雖為之賜、而令吏弗誅、腹䵍不可不行墨者之法。不許恵王、而遂殺之。子人之所私也。忍所私以行大義。鉅子可謂公矣。

◉墨者——墨翟(ぼくてき)を祖とする思想集団。墨家といわれ戦国期おおいに盛行した。◉鉅子——墨家集団のリーダーのこと。巨子とも書く。◉墨者の法——墨家集団の内部規則。きわめて厳格であったといわれる。

一六　王覇(おうは)の君

料理人は食物を料理するが、これを食べはしない。だから料理人でいることができる。もし料理人が食物を料理し、これを自分で食べていたならば、料理人でいることはできない。諸侯国をリードする王覇の君もやはり同様である。暴乱の国に誅罰(ちゅうばつ)を与えながらこの国を自分のものにはせず、天下の賢者を立てて諸侯とする。だから王覇の君といわれるのである。もし、王覇の君が暴乱の国に誅罰を与えて、しかもこの国を自分のものにしたならば、王覇の君といわれることはないのである。(孟春紀　去私)

庖人(ほうじん)は調和すれども敢(あえ)て食(くら)わず。故(ゆえ)に以(もっ)て庖(ほう)と為(な)すべし。若(も)し庖人をして調和して之(これ)を食わしめば、則(すなわ)ち以て庖と為すべからず。王伯(おうは)の君も亦(ま)た然(しか)り。暴を誅して私(わたくし)せず、以て天下の賢者を封ず。故に以て王伯と為すべし。若し王伯の君をして暴を誅して之を私せしめば、則ち亦た以て王伯と為すべからず。

庖人調和而弗敢食。故可以為庖。若使庖人調和而食之、則不可以為庖矣。王伯之君亦然。誅暴而不私、以封天下之賢者。故可以為王伯。若使王伯之君誅暴而私之、則亦不可以為王伯矣。

◉庖人——料理人。◉調和——食物を料理すること。◉王伯——王は王者、伯は覇者。王者は道徳力により、覇者は軍事力によって中国をリードするという考え。

一七　貴生の術

聖人は天下の事物で何よりも生が貴いことを深くわきまえている。いったい耳や目や鼻や口は、生のために働くものである。だから耳が音楽を聞きたいと願い、目が美しい色彩を見たいと願い、鼻がすばらしい香りをかぎたいと願い、口が滋味を味わいたいと願ったとしても、それらが生に害があるならば受け容れはしない。耳目鼻口の四官が欲しないとしても、生に有益であるならばそれらを受け容れる。こうした観点からすれば、耳目鼻口は勝手に振る舞うことはできず、必ず制約されるのである。それはたとえば官吏が勝手に振る舞えず、必ず背後に管理者がいるようなものである。此(こ)れが生を貴び大切にする方法である。（仲春紀(ちゅうしゅんき)　貴生）

聖人は深く天下の生より貴きものなきを慮(おもんぱか)る。夫(そ)れ耳目鼻口は、生の役(えき)なり。耳声(こえ)を欲(ほっ)すと雖(いえど)も、目色(いろ)を欲すと雖も、鼻芬香(ふんこう)を欲すと雖も、口滋味(じみ)を欲すと雖も、生に害あれば則(すなわ)ち止む。四官に在(あ)る者欲せざるも、生に利あれば則ち為(な)す。此(こ)れに由(よ)りて之(これ)を観(み)れば、耳目鼻口は、擅(ほしい)ままに行うことを得(え)ず、必ず制せらるるところあり。之を譬(たと)うるに官職の擅ままに為すことを得ず、必ず制せらるるところあるが若(ごと)し。此れ生を貴ぶの術なり。

聖人深慮天下、莫貴於生。夫耳目鼻口、生之役也。耳雖欲声、目雖欲色、鼻雖欲芬香、口雖欲滋味、害於生則止。在四官者不欲、利於生者則為。由此観之、耳目鼻口、不得擅行、必有所制。譬之若官職、不得擅為、必有所制。此貴生之術也。

◉生の役――生命のために使役されるもの。　◉四官――ここでは耳目鼻口の四つの器官をさす。

一八　天下よりわが生命

帝堯は天下を子州支父に譲ろうとした。子州支父は答えた。「わたくしを天子にしようというお気持ちは有り難いことです。しかしわたくしはたまたま気のふさがる病にかかって居、これを癒さなければなりませんので、天子となって天下を治めている余裕はございません」。天下は重大なものだが、それによって己れの生命をそこなってはならない。ましてその他のものはいうまでもない。考えてみれば、重大な天下の政治をもってしても自らの生命をそこなうことはできないとする者こそ、実は天下を委ねてよい者なのである。（仲春紀　貴生）

堯は天下を以て子州支父に譲る。子州支父対えて曰わく、「我れを以て天子と為すはなお之れ可なり。然りと雖も、我れ適たま幽憂の病あり、方に将に之を治めんとす。未だ天下を在むるに暇あらざるなり」。天下は重物なり。而して以てその生を害さず。また況んや它物に於てをや。惟だ天下を以てその生を害せざる者や、以て天下を託すべし。

堯以天下讓於子州支父。子州支父対曰、以我為天子猶之可也。雖然、我適有幽憂之病、方将治之。未暇在天下也。天下、重物也。而不以害其生。又況於它物乎。惟不以天下害其生者也、可以託天下。

◉子州支父——古（いにしえ）の賢人。　◉幽憂の病——気がむすばれて心がはれない病気。　◉在——察、治と同じ。

一九　逃げ出した王子

越（えつ）の国では三代にわたって君主が暗殺された。王子の捜（そう）は悩んだ末に逃亡して丹砂（たんしゃ）を掘り出す穴に身を隠（かく）した。越の国では然（しか）るべき君主が居ず、王子の捜を探し求めた。なかなか見つからなかったが、とうとう追跡して隠れた穴をつきとめた。ところが捜は穴から出てくることを承知しない。人々は穴の入口で艾（よもぎ）を焼いていぶり出し、むりやり王の輿（かご）に乗せようとした。捜は綏（ひも）をつかんで車に登ると天を仰いで叫んだ。「君主なんて！　どうしてわたしを捨てておいて放っておいてくれないのか」。王子の捜は君主であることを憎んだのではなくて、君主にともなう患害を嫌ったのである。捜のような者は国家の政治をもってしてもみずからの生をそこなわない者ということができる。そして実はこうした人物こそ越の民衆が君主に仰ぎたいと願う者なのである。（仲春紀　貴生）

越人三世その君を殺す。王子捜之を患え、丹穴に逃る。越国君なく、王子捜を求むれども得ずして、之に丹穴に従う。王子捜肯て出でず。越人之を薫ずるに艾を以てし、之に乗するに王輿を以てす。王子捜綏を援り車に登り、天を仰ぎて呼びて曰わく、「君か。独り以て我を舎くべからざるか」。王子捜は君たることを悪むに非ざるなり。君たるの患を悪むなり。王子捜の若き者は、国を以てその生を傷らずと謂うべし。此れ固より越人の得て君と為さんと欲するところなり。

越人三世殺其君。王子捜患之、逃乎丹穴。越国無君、求王子捜而不得、従之丹穴。王子捜不肯出。越人薫之以艾、乗之以王輿。王子捜援綏登車、仰天而呼曰、君乎。独不可以舎我乎。王子捜非悪為君也。悪為君之患也。若王子捜者、可謂不以国傷其生矣。此固越人之所欲得而為君也。

◉王子捜――越王翳の子無顓のこと。◉丹穴――丹砂・辰砂を採取する穴のこと。◉艾――よもぎ。◉綏――車に乗るための把手の紐。

二〇　顔闔は得道の人

魯君は顔闔が得道の人であると聞くと、使いの者に贈りものをもたせて敬意を表させた。顔闔は村の門番をし、粗末な衣服で、牛の世話をしていた。魯君の使者がやって来、顔闔はみずからこれに応対した。使者が聞いた。「ここは顔闔の家か」。顔闔は答えた。「たしかに闔の家です」。使者が贈りものを差し出すと、顔闔はかれらにいった。「おそらくあなたがたの聞き間違いで、使者の方々が罪にふれるよりは、いま一度はっきり験べ直しては如何でしょう」。使者は引き返して確かめ、ふたたび顔闔のところへ来た。しかしそのときにはかれは逃げ出していた。こういうわけで、顔闔のような者は、富貴を憎みこれが悪いというのではないが、生を重んずるために富貴を排除しようとするのである。世間の人主は、己れの富貴さで得意顔で得道の人に接するが、相手の本当の姿を理解しようとしないことは、何とも悲しいことである。（仲春紀　貴生）

魯君、顔闔の道を得たるの人なるを聞くや、人をして幣を以て先だたしむ。顔闔閭を守り、麤布の衣にして、みずから牛を飯なう。魯君の使者至り、顔闔自ら之に対う。使者曰わく、「此れ顔闔の家か」。顔闔対えて曰わく、「此れ闔の家なり」。使者幣を致さんとす。顔闔対えて曰わく、「おそらくは聴くこと繆まりて使者に罪を遺さんよりは、之を審らかにするに若かず」。使者還り反りて之を審らかにし、復び来りて之を求むれば則ち得ず。故に顔闔の若き者は、富貴を悪むに非ざるなり、生を重んずるに由りて之を悪むなり。世の人主、多く富貴を以て得道の人に驕る。其の相い知らざること、豈悲しからずや。

魯君聞顔闔得道之人、使人以幣先焉。顔闔守閭、麤布之衣、而自飯牛。魯君之使者至、顔闔自対之。使者曰、此顔闔之家邪。顔闔対曰、此闔之家也。使者致幣。顔闔対曰、恐聴繆而遺使者罪、不若審之。使者還反審之、復来求之、則不得已。故若顔闔者、非悪富貴也、由重生悪之也。世之人主、多以富貴驕得道之人。其不相知、豈不悲哉。

◉幣——一般には布帛をさすが、ここでは贈りもの。　◉閭を守る——村里の門の番人。
◉麤布の衣——粗末な衣服。

二一　道の真髄

そこでこのようにいう。「道の真髄はその身を全うすること。その余りで国家を治め、さらにその塵あくたで天下を治める」と。こういう観点からすれば、帝王たちの政治的功業も、真の聖人たちの余事でしかない。それはその身を全うし生を養い育てていくための道ではないからである。今日の世俗の君子たちは、その身を危険にさらし、生を粗末にして外物にふりまわされている。かれらはこのようにしてどこへ行こうとするのであろうか。また何をしようというのであろうか。（仲春紀　貴生）

故に曰わく、「道の真、以て身を持し、その緒余、以て国家を為め、その土苴、以て天下を治む」と。此れに由りて之を観れば、帝王の功は、聖人の余事なり。身を完うし生を養う所以の道に非ざればなり。今世俗の君子、身を危うくし生を棄てて以て物に循う。彼まさに奚くんぞ此れを以て之かんとするや。彼まさに奚くにか此れを以て為さんとするや。

故曰、道之真、以持身、其緒余、以為国家、其土苴、以治天下。由此観之、帝王之功、聖人之余事也。非所以完身養生之道也。今世俗之君子、危身棄生以循物。彼且奚以此之也。彼且奚以此為也。

◉土苴――土芥。道の末節をたとえている。　◉彼――世俗の君子をさす。　◉此――外物をさす。　◉之く――ゆく、の意。

二二　目的と手段

いったい聖人の行動は、そのどこに行くかという目的とどういうふうにするかという手段とが明確である。いまここに一人の人がいる。高価な随侯の宝玉を弾丸にして奥深い谷にいる雀をうったならば、世間はきっと笑うであろう。それは何故か。貴重なものを用いながら、求めるものが貧弱だからである。いったい人間の生命は、どうして随侯の宝玉の重さ、価値より低いことがあろうか。（仲春紀　貴生）

凡そ聖人の動作するや、必ずその之く所以とその為す所以とを察らかにす。今ここに人あり、随侯の珠を以て千仞の雀を弾ぜば、世必ず之を笑わん。是れ何ぞや。用うるところ重くして、要むるところ軽ければなり。夫れ生は豈にただ随侯の珠の重きのみならんや。

凡聖人之動作也、必察其所以之与其所以為。今有人於此、以随侯之珠弾千仞之雀、世必笑之。是何也。所用重、所要軽也。夫生豈特随侯珠之重也哉。

◉随侯の珠——随侯が道に苦しんでいる大蛇を助けたところ、蛇はのちになって揚子江から宝玉をくわえてきて、恩に報いたという。　◉千仞——仞は周尺の八尺。深い谷間、の意。

二三　全生を上となす

子華子は「全生が最高で、虧生がこれにつぎ、死はそのあとで、迫生が最低である」という。つまりいわゆる生を尊ぶというのは、この全生のことなのである。ここにいう全生とは、生死耳目鼻口の六欲がすべて調和を得ていることである。虧生というのは、六欲が半ば調和したまずまずの生ということである。虧生ということは、全生のものに比べて調和の度合いが薄いということである。不足がいよいよ甚しければ、調和の度合いはいっそう薄くなる。いわゆる死とは、知もなく未生の状態にかえることである。ここにいう迫生とは、六欲が調和を得ず、すべて悪いところばかりの生き方である。屈服がそうであり、屈辱がそうである。屈辱は不義より大きいものはない。だから不義は、そのまま迫生なのである。しかし迫生はただ不義というだけではない。だからこういう。「迫生、間違った生は、死にも及ばない」と。どうしてそうとわかるのか。耳が聞きたくないことを聞くのなら、聞かないほうがよい。目が嫌いなものを見るのなら、見ないほうがよい。だから雷が轟くときには耳を覆いかくし、稲妻が走るときには目を覆う。これはそうした例である。すべて六欲というものが、みなそのひどく悪むものを知りながら、しかもそれが避けられないならば、いっそ知らないほうがよい。知覚がないというのは、死のことである。つまり迫生は死にも及ばないのである。肉が好きというのは、腐鼠の肉をさしていうのではない。酒が好きというのは、敗酒をさしていうのではない。生を尊ぶというのは、迫生、間違った生のことをいうのではない。（仲春紀　貴生）

子華子曰わく、「全生を上と為し、虧生之に次ぎ、死之に次ぎ、迫生下と為す」。故に所謂る尊生とは、全生の謂いなり。所謂る全生とは、六欲皆その宜しきを得たるなり。所謂る虧生とは、六欲分ばその宜しきを得たるなり。虧生なれば則ちその尊き者におけるや薄し。その虧くること弥いよ甚しき者は、その尊弥いよ薄し。所謂る死は、以て知る所有るなく、その未生に復れるなり。所謂る迫生は、六欲その宜しきを得るなきなり。皆その甚だ悪むところの者を獲。服是れなり。辱是れなり。辱は不義より大なるはなし。故に不義は迫生なり。而して迫生は独だ不義のみに非ざるなり。故に曰わく、「迫生は死に若かず」と。奚を以てその然るを知るや。耳悪むところを聞かば、聞くなきに若かず。目悪むところを見ば、見るなきに若かず。故に雷なれば則ち耳を揜い、電なれば則ち目を揜う。此れその比なり。凡そ六欲なる者、皆その甚だ悪むところを知りて、而も必ず免るるを得ざれば、以て知るところ有るなきに若かず。以て知るところ有るなき者は、死の謂いなり。故に迫生は死に若かず。肉を嗜(この)むとは、腐鼠(ふそ)の謂いに非ざるなり。酒を嗜むとは、敗酒の謂いに非ざるなり。生を尊ぶとは、迫生の謂いに非ざるなり。

子華子曰、全生為上、虧生次之、死次之、迫生為下。故所謂尊生者、全生之謂。所謂全生者、六欲皆得其宜也。所謂虧生者、六欲分得其宜也。虧生則於其尊之者薄矣。其虧弥甚者也、其尊弥薄。所謂死者、無有所以知、復其未生也。所謂迫生者、六欲莫得其宜也。皆獲其所甚悪者。服是也。辱是也。辱莫大於不義。故不義迫生也。而迫生非独不義也。故曰、迫生不若死。奚以知其然也。耳聞所悪、不若無聞。目見所悪、不若無見。故雷則揜耳、電則揜目。此其比也。凡六欲者、皆知其所甚悪、而必不得免、不若無有所以知。無有所以知者、死之謂也。故迫生不若死。嗜肉者、非腐鼠之謂也。嗜酒者、非敗酒之謂也。尊生者、非迫生之謂也。

◉子華子――春秋、晋(しん)の人で孔子(こうし)と同時代に諸国を遊歴し、『子華子』二巻を著したという。　◉六欲――生死耳目鼻口の欲をいう。　◉分ば――半ば、のこと。

二四　死生存亡の分かれ目

天は人をこの世に生じて、貪る心と欲望とを与えた。この欲望には感情がともない、情欲には節度があった。そこで聖人は節度を修めて欲望に歯止めをかけた。だから過度に情欲を行使しないのである。もとより耳は宮・商・角・徴・羽の五声を欲し、目は黄・赤・青・白・黒の五色を欲し、口は甘・鹹・辛・酸・苦の五味を欲するのは、人情である。この三つのものは、貴賤・愚智・賢不肖の別なく欲することは同じである。聖王の神農や黄帝でも、暴君の夏の桀、殷の紂と同じである。聖人が違うところは、節度のある情を得ている点である。何よりも生命を貴ぶという観点から行動すれば、その情は得られ、生命を尊ぶということによらないで行動すれば、その情は失われる。この二つのものこそ、死生存亡の大本である。（仲春紀　情欲）

天人を生じて貪あり欲あらしむ。欲に情あり、情に節あり。聖人は節を修めて以て欲を止む。故に過ぎてその情を行わざるなり。故より耳の五声を欲し、目の五色を欲し、口の五味を欲するは、情なり。此の三つの者は、貴賤・愚智・賢不肖、之を欲すること一の若し。神農、黄帝と雖も、それ桀紂と同じ。聖人の異なる所以の者は、その情を得ればなり。生を貴ぶに由りて動けば則ちその情を得、生を貴ぶに由らずして動けば則ちその情を失う。此の二つの者は、死生存亡の本なり。

天生人而使有貪有欲。欲有情、情有節。聖人修節以止欲。故不過行其情也。故耳之欲五声、目之欲五色、口之欲五味、情也。此三者、貴賤愚智賢不肖欲之若一。雖神農黄帝、其与桀紂同。聖人之所以異者、得其情也。由貴生動則得其情矣、不由貴生動則失其情矣。此二者、死生存亡之本也。

◉五声――宮・商・角・徴・羽の五音のこと。◉五色――黄・赤・青・白・黒。◉五味――甘・鹹・辛・酸・苦。◉桀紂――夏の桀王、殷の紂王。ともに悪虐の天子として有名。

二五　節度を欠く者

凡庸な君主は欲望に節度を欠いている。だから何かを行うたびに失敗する。耳は満足できず、目も飽くことがなく、口も充足することがない。身体中腐って腫れあがり、筋骨は力を失い、血脈は不整で滞りがち、身体の九つの穴は形だけになり、明らかに然るべき機能を失っている。こうなっては彭祖のような人物がいてもどうしようもない。物に対しては手に入れることができない物を貴び、これを欲しがりつづけ、満足することができないものを貪って、これを求めつづける。こうした生き方をつづければ、おおいに生命の大本を傷つけ失うことになる。民衆も怨みそしり、また大きな讎をつくることになる。気持ちは変わりやすく、軽はずみで弱く、権力を誇り作為を好み、胸中には詐欺の心がいっぱいで、徳義をないがしろにして、不正な利益にとびつき、自分から困った状況に陥っていく。のちになってこれを悔いたとしても、とりかえしはつかない。口がうまく心の曲がった者を近づけ、正直者を遠ざけたならば、国家はたいへん危険で、前の過失を悔いたとしても、とりかえしはつかない。もう終わりなのだということばを聞いて、始めて驚き、目が覚めても、どう事態を処置してよいかわからない。多くの病がいっせいに起こり、混乱がいっせいにやって来る。こういう状態で君主となれば、大きな悩みをもつことになる。このようにして、耳は美声を楽しまず、目はきれいな色を楽しまず、口は美味を甘しとしないならば、それは死とすこしも変わらない。（仲春紀　情欲）

　俗主は情を虧く、故に動く毎に敗を為す。耳贍るべからず、目厭くべからず、口満たすべからず。身尽く府種し、筋骨沈滞し、血脈壅塞し、九竅寥寥、曲さにその宜しきを失う。彭祖ありと雖も、猶お為すこと能わざるなり。その物に於けるや、得べからざるを欲することを為し、足らすべからざるを求むることを為し、おおいに生の本を失う。民人怨謗し、また大讎を樹つ。意気は動き易く、蹻然として固からず。勢いを矜り智を好み、胸中欺詐し、徳義を之れ緩にし、邪利を之れ急にし、身以て困窮す。後之を悔ゆと雖も、尚お将た奚くにか及ばん。巧佞を之れ近づけ、端直を之れ遠ざけ、国家大いに危うくして、前の過を悔ゆるも、猶お反すべからず。言を聞きて驚くも、由る所を得ず。百病怒起し、乱難時に至る。此れを以て人に君たるは、身の大憂たり。耳声を楽しまず、目色を楽しまず、口味を甘しとせざるは、死と択ぶことなし。

俗主虧情、故毎動為敗。耳不可贍、目不可厭、口不可満。身尽府種、筋骨沈滞、血脈壅塞、九竅寥寥、曲失其宜。雖有彭祖、猶不能為也。其於物也、不可得之為欲、不可足之為求、大失生本。民人怨謗、又樹大讎。意気易動、蹻然不固。矜勢好智、胸中欺詐、徳義之緩、邪利之急、身以困窮。雖後悔之、尚将奚及。巧佞之近、端直之遠、国家大危、悔前之過、猶不可反。聞言而驚、不得所由。百病怒起、乱難時至。以此君人、為身大憂。耳不楽声、目不楽色、口不甘味、与死無択。

◉俗主——凡庸な君主。◉贍る——足ること、満足すること。◉府種す——府腫の仮借で、ともに皮膚が腫れふくれること。◉沈滞す——活力を欠くこと。◉壅塞す——血液の流れが不整となること。◉九竅——九つの穴、すなわち両眼・両耳・両鼻孔・口・二便口のこと。◉彭祖——殷の賢臣で、七百歳の長寿であったといわれる。◉蹻然——軽はずみで堅固でないこと。◉端直——正直なもの。

二六　長生きの秘密

古の道を体得した者が、生きては長生きし、声色滋味に対しても、長いあいだ楽しめるのは、何故であろうか。ものごとの決定が素早いからである。ものごとの決定が素早いと、思慮することがより少なくて済む。思慮することがより少なくて済めば、精神を費消しつくすことはない。秋、早く寒ければ、冬は必ず暖かであり、春、雨が多ければ、夏は必ずひでりとなる。天地自然も両方をたてることはできない。まして人間はなおさらである。人間と天地自然との関係も同じことで、万物の形はそれぞれ異なっているが、その実体は同じなのである。だから古のみずからを治めかつ天下を治めた者は、必ず天地自然の理法に則って行動した者である。酒樽から酌みとる者が多ければ、その酒樽はすぐ空になる。多くの者が君主の生命、すなわち徳をうけてこの世に生きる。だから尊貴なる者の生命は、いつも早く尽きてしまう。ただ多くの者がここから生命を酌みとっていくばかりでなく、自分のほうからも生命を犠牲にして天下の人々に与え、しかも自分ではそうと気づかない。功績は外に実現されるが、生命は内部からつき崩されていく。耳は聴くことができず、目は視ることができず、口は食べることができず、心は乱れに乱れ、妄言妄想し、死に直面するときになって、驚きあわて、どうしてよいのかまるでわからない。心がこんな状態であるのは、何とも悲しいことではないか。（仲春紀　情欲）

古の道を得たる者は、生以て寿長に、声色滋味、よく久しく之を楽しむは、奚の故ぞ。論、早く定まればなり。論早く定まれば則ち知、早く嗇む。知早く嗇めば則ち精竭きず。秋早く寒ければ則ち冬必ず煖かなり。春雨多ければ則ち夏必ず旱す。天地も両なること能わず。而るを況んや人類をや。人の天地に与けるや同じくして、万物の形異なると雖も、その情は一体なり。故に古の身と天下とを治むる者は、必ず天地に法るなり。尊より酌む者衆ければ則ち速やかに尽く。万物の大貴の生より酌む者衆し。故に大貴の生は常に速やかに尽く。徒に万物の之より酌むのみに非ざるなり。又たその生を損して以て天下の人に資して、終にみずから知らず。功は外に成ると雖も、生は内に虧く。耳は以て聴くべからず、目は以て視るべからず、口は以て食うべからず。胸中はおおいに擾れ、妄言想見し、臨死の上、顚倒驚懼して、為すところを知らず。心を用うること此くの如きは、豈れ悲しからずや。

古之得道者、生以寿長、声色滋味、能久楽之、奚故。論早定也。論早定則知早嗇。知早嗇則精不竭。秋早寒則冬必煖矣。春多雨則夏必旱矣。天地不能両。而況於人類乎。人与天地也同、万物之形雖異、其情一体也。故古之治身与天下者、必法天地也。尊酌者衆則速尽。万物之酌大貴之生者衆矣。故大貴之生常速尽。非徒万物酌之也。又損其生以資天下之人、而終不自知。功雖成乎外、而生虧乎内。耳不可以聴、目不可以視、口不可以食。胸中大擾、妄言想見、臨死之上、顚倒驚懼、不知所為。用心如此、豈不悲哉。

◉論早く定まる――物事の決定が素早いこと。あれこれと心を迷わせないこと。◉知早く嗇む――思慮することがより少ない。したがって心を費やし悩み苦しむことも少ない。◉煖か――あたたかいこと。◉尊――樽または罇のことで、酒を容れる器。◉大貴の生――おおいに貴いものの生命。君主の徳をさす。◉酌――くみ取ること。◉資――給与する。◉臨死の上――死にのぞんでの上、の意。

二七　孫叔敖(そんしゅくごう)の功績

世間で君主につかえる者は、みな孫叔敖が楚(そ)の荘王(そうおう)に出遇(であ)ったことを幸運だという。しかし道理のわかった者は、そうとはいわない。それは楚国の幸運だからである。楚の荘王は、諸国を遊歴することや狩猟(しゅりょう)、馬を走らせたり、弓を射(い)たりすることが好きで、歓楽はあまねく行った。そして国内の苦労や外国との交渉のわずらわしさのすべてを孫叔敖に任(まか)せた。孫叔敖は日夜休まず、そのため自分の生命によいとわかっていることでもする余裕がなかった。孫叔敖がこのようにしてつとめたからこそ、荘王の功績は書物にも記録され、後世に伝わったのである。（仲春紀　情欲）

世人(せじん)の君に事(つか)える者は、みな孫叔敖の荊(けい)の荘王に遇(あ)うを以(もっ)て幸(こう)と為(な)す。有道者(ゆうどうしゃ)より之(これ)を論ずれば則(すなわ)ち然(しか)らず。此(こ)れ荊国の幸なり。荊の荘王周遊田猟(でんりょう)、馳騁(ちてい)弋射(よくしゃ)を好み、歓楽は遺(のこ)すなし。尽(ことごと)くその境内の労と諸侯の憂いとを孫叔敖に傅(ふ)せり。孫叔敖は日夜息(や)まず。生に便(べん)なるを以て故(こと)と為すを得ず。故に荘王の功迹(こうせき)をして竹帛(ちくはく)に著わし、後世に伝えしめたるなり。

世人之事君者、皆以孫叔敖之遇荊荘王為幸。自有道者論之則不然。此荊国之幸。荊荘王好周遊田猟、馳騁弋射、歓楽無遺。尽傳其境内之労与諸侯之憂於孫叔敖。孫叔敖日夜不息、不得以便生為故。故使荘王功迹著乎竹帛、伝乎後世。

◉孫叔敖――楚の人。賢人でよく道を以て君に仕え、荘王を諸侯に覇たらしめた。◉荊――楚のこと。◉田猟――田も猟も狩りのこと。◉弋射――弋は矢に糸をつけて射る弓の一種、射は弓で射ること。◉傳――付記する、任せること。◉竹帛――書きもの、書籍のこと。

二八　墨子は糸を染める者を見ていった

墨子は白い絹糸を染める者の仕事を見ながら感嘆していった。「青い染料に染まれば、青くなり、黄色の染料に染まれば、黄色になる。入れる染料が変われば、糸の色もまた変わる。五たび入れれば五色になる」と。だから染まるということには慎重でなければいけない。ただ白い絹糸を染めるときだけこうなるのではない。国の場合にも、また染まるということがあるのだ。舜は許由と伯陽に感化され、禹は皐陶と伯益に感化され、湯は伊尹と仲虺に感化され、武王は太公望と周公旦とに感化された。この四人の王者は感化されるものが当を得ていた。だから天下に王たることができ、立って天子となり、功名手柄は天地を覆いかくすほど大きかった。いまでも天下の仁義を行って有名な人を挙げ考えるとき、必ずこの四人の王者の名が口にのぼる。夏の桀王は干辛と岐踵戎に感化され、殷の紂王は崇侯と悪来に感化され、周の厲王は虢公長父と栄夷終に感化され、幽王は虢公鼓と蔡公敦に感化された。この四人の王者は感化される者が当を得なかった。だから国は侵略され身は殺され、天下中の恥さらしとなった。いまでも天下の不義を行った汚辱の人を挙げ考えるとき、必ずこの四人の王者をいう。斉の桓公は、管仲と鮑叔に感化され、晋の文公は咎犯と郄偃に感化され、楚の荘王は孫叔敖と沈尹蒸に感化され、呉王闔閭は伍員と文之儀に感化され、越王句践は范蠡と大夫種に感化された。この五人の君主は感化されるものが当を得ていた。だから諸侯に覇者として君臨し、功名は後世にまで伝わったのである。范吉射は張柳朔と王生に感化され、中行寅は籍秦と高彊に感化され、呉王夫差は王孫雒と太宰嚭に感化され、智伯瑶は智国と張武に感化され、中山国の尚は魏義と偃長に感化され、宋の康王は唐鞅と田不禋に感化された。この六人の君主は感化される者が当を得なかった。だから国家はすべて侵され滅ぼされ、身は死刑にされ、宗廟は祭りを絶やし、子孫は根絶し、君臣は離ればなれとなり、人民は他国をさすらった。いまでも天下の貪欲で道を知らぬ恥ずべき人物を挙げるときには、必ずこの六人の君主をいうのであ

る。（仲春紀　当染）

墨子、素糸を染むる者を見て歎じて曰わく、「蒼に染むれば則ち蒼に、黄に染むれば則ち黄なり。以て入る所のもの変ずれば、その色も亦た変ず。五たび入りて、以に五色と為る」。故に染むることは慎まざるべからざるなり。独り糸を染むることのみ然るに非ざるなり。国も亦た染むることあり。舜は許由・伯陽に染まり、禹は皐陶・伯益に染まり、湯は伊尹・仲虺に染まり、武王は太公望・周公旦に染まる。此の四王者は染まるところ当たれり。故に天下に王たり、立ちて天子と為り、功名は天地を蔽う。天下の仁義顕人を挙ぐれば、必ず此の四王者を称す。夏の桀は干辛・岐踵戎に染まり、殷の紂は崇侯・悪来に染まり、周の厲王は虢公長父・栄夷終に染まり、幽王は虢公鼓・蔡公敦に染まる。此の四王者は染まるところ当たらず。故に国は残われ身は死して、天下の僇めと為る。天下の不義辱人を挙ぐれば、必ず此の四王者を称す。斉の桓公は、管仲・鮑叔に染まり、晋の文公は咎犯・郄偃に染まり、荊の荘王は孫叔敖・沈尹蒸に染まり、呉王闔閭は伍員・文之儀に染まり、越王句践は范蠡・大夫種に染まる。此の五君は染まるところ当たれり。故に諸侯に覇たり、功名は後世に伝わる。范吉射は張柳朔・王生に染まり、中行寅は籍秦・高彊に染まり、呉王夫差は王孫雒・太宰嚭に染まり、智伯瑶は智国・張武に染まり、中山尚は魏義(ぎ)・榎長に染まり、宋の康王は唐鞅・田不禋に染まる。此の六君は染まるところ当たらず。故に国は皆残亡し、身或(あるい)は死辱され、宗廟は血食せず、その後類を絶す。君臣は離散し、民人(みんじん)は流亡す。天下の貪暴(どんぼう)にして羞(は)ずべきの人を挙ぐれば、必ず此の六君なる者を称するなり。

墨子見染素糸者而歎曰、染於蒼則蒼、染於黄則黄。所以入者変、其色亦変。五入而以為五色矣。故染不可不慎也。非独染糸然也。国亦有染。舜染於許由・伯陽、禹染於皐陶・伯益、湯染於伊尹・仲虺、武王染於太公望・周公旦。此四王者所染当。故王天下、立為天子、功名蔽天地。挙天下之仁義顕人必称此四王者。夏桀染於干辛・岐踵戎、殷紂染於崇侯・悪来、周厲王染於虢公長父・栄夷終、幽王染於虢公鼓・蔡公敦。此四王者所染不当。故国残身死、為天下僇。挙天下之不義辱人、必称此四王者。斉桓公染於管仲・鮑叔、晋文公染於咎犯・郄偃、荊荘王染於孫叔敖・沈尹蒸、呉王闔閭染於伍員・文之儀、越王句践染於范蠡・大夫種。此五君者所染当。故覇諸侯、功名伝於後世。范吉射染於張柳朔・王生、中行寅染於籍秦、高彊、呉王夫差染於王孫雒・太宰嚭、智伯瑶染於智国・張武、中山尚染於魏義・榎長、宋康王染於唐鞅・田不禋。此六君者所染不当。故国皆残亡、身或死辱、宗廟不血食、絶其後類。君臣離散、民人流亡。挙天下之貪暴可羞人、必称此六君者。

◉舜――古代の聖王。五帝の一に数えられる。◉許由――廉潔の士として有名。堯が天下を譲ろうとするのを聞き、耳が汚されたと潁水の浜で耳を洗ったと伝えられる。◉伯陽――古の賢者。◉禹――夏王朝の始祖。洪水を治めるのに成功し、舜に重用され、ついで帝位に即いたと伝えられる。墨家に特に尊重される。◉皋陶――古の賢者。舜のとき刑獄の官につく。◉伯益――古の賢者。舜のとき山沢の管理官につく。◉湯――殷王朝の始祖。夏王桀を破って帝位に即く。◉伊尹――殷の賢相。◉仲虺――殷の湯王を補佐した名臣。◉周の武王――周王朝の初代の天子。文王の子で、殷王紂を牧野に討って帝位に即き、善政を布いたといわれる。◉太公望――周の文王の師、呂尚父、一名を太公望という。斉国の始祖。◉周公旦――周王朝開国の功臣。文王の子、武王の弟。周王朝の諸制度を創設したといわれる。◉干辛――桀の佞臣。◉岐踵戎――桀の佞臣。◉崇侯――名は虎。紂にへつらった臣。◉悪来――紂の佞臣。崇侯とともに諸侯離反の原因をなしたといわれる。◉周の厲王――西周末期の暴君。◉虢公長父――厲王の臣。◉栄夷終――厲王の臣。栄邑の夷公、名は終。◉幽王――西周最後の暴君。◉傅公夷――幽王の臣下か。不明。◉蔡公敦――幽王の臣下か。不明。◉斉の桓公――管仲・鮑叔らの賢臣を用いて国力の充実につとめ、春秋五覇の第一人者となる。◉管仲――斉の桓公に仕えた名宰相。◉鮑叔――管仲の親友。世に「管鮑の交わり」として知られる。◉晋の文公——名は重耳。諸国を遍歴すること十九年、六十三歳で母国に復帰して王位に即く。春秋五覇の一。◉咎犯——狐偃、字は子犯、晋の文公の舅であったので舅犯とも書く。文公の功臣。◉郄偃——晋の大夫郭偃のこと。◉荊（楚）の荘王——春秋五覇の一。軍を率い周の洛邑に迫って鼎の軽重を問うたので有名。◉孫叔敖——荘王の賢相。◉沈尹蒸——孫叔敖の友人。沈尹巫ともいう。◉呉王闔閭——名は光。越王句践と戦い敗れる。夫差はその子。◉伍員——楚人。字は子胥。呉王闔閭・夫差の二代に仕える。◉文之儀——呉王闔閭の功臣。◉越王句践——呉王夫差と戦って敗れ、臥薪嘗胆の苦労を重ねてついに雪辱し、呉を滅ぼす。◉范蠡——楚人。字は少伯。句践の功臣。のち姓名を変えて商業を営み、巨富を積む。陶朱公ともいう。◉大夫種——句践の謀臣。姓は文、名は種。◉范吉射——春秋末期の晋の六卿の一。◉張柳朔——范吉射の邪臣。◉王生——王胜とも書く。范吉射の邪臣。◉中行寅——春秋末期の晋の六卿の一。荀寅のこと。◉籍秦——中行寅の邪臣。◉高彊——中行寅の邪臣。◉呉王夫差——宿敵越を会稽山に破って父闔閭以来の雪辱を果たす。しかし紀元前四七五年以後は復讎を誓った句践に数敗し、自殺する。◉王孫雒——呉の大夫。諫臣。◉太宰嚭——「太宰」は官名。呉の宰相。◉智伯瑶——春秋末期の晋の六卿の一。智襄子ともいう。◉智国——智伯の一族。◉張武——晋の大夫。長武子ともいう。◉

中山尚――中山国の尚。◉魏義――中山尚の邪臣。榎長――中山尚の邪臣。◉宋の康王――宋の最後の君主。酒色を好み暴政を布く。戦国期の典型的な暴君。◉唐鞅――康王の邪臣。王の嗜虐癖を煽ったという。◉田不禋――康王の邪臣。◉貪暴――むさぼり暴虐を働く。

いったい君主というものは、君主の地位に即いて栄耀をきわめようとか、安楽をつくそうとかするものではない。行いを筋目正しくするためにほかならない。行いが筋目正しいというのは、感化が当を得ることから生まれる。だから古のすぐれた君主は、よい臣を選ぶのにたいへんな苦労をするが、そのあとの政務はいたって楽である。政治の要点をおさえているからである。君主の地位を保てない者は、いたずらに自分の肉体を消耗し神経を痛め、心配ごとを多くし、身体を疲れさせる。かくして国はいよいよ危険に、身はいよいよ恥辱におちいる。要点を知らないからである。要点を知らない者は、他人からうける感化も当を得ない。感化が当を得なければどうして治まろう。先の六人の君主がまさにそうである。この六人の君主は、その国を大切に思い、自分を愛さなかったわけではない。感化される者が当を得なかったのである。国の存亡はこの六人の君主にばかり見られるものではない。帝王の場合でも同じこと

である。（仲春紀　当染）

凡(およ)そ君と為(な)るは、君と為って因(よ)って栄せんとするに非(あら)ざるなり。君と為って因って安(やす)んぜんとするに非ざるなり。以て行いの理(おさ)まらんが為(ため)なり。行いの理まるは当染より生ず。故に古の善く君たる者は、人を論ずるに労して、官治に佚(いっ)す。その経を得(う)ればなり。君たる能(あた)わざる者は、形を傷(そこ)ない神(しん)を費(ついや)し、心を愁(うれ)えしめ耳目を労す。国愈(いよ)いよ危うく、身愈いよ辱(はずか)しめらる。要を知らざるの故なり。要を知らざれば則ち染まるところ当たらず。染まるところ当たらざれば、理まること奚(いず)くよりして至らん。六君なる者是(こ)れのみ。六君なる者は、その国を重んじ、その身を愛さざるに非ざるなり。染まるところ当たらざるなり。存亡故(もと)より独(ひと)り是れのみならざるなり。帝王も亦(ま)た然(しか)るなり。

凡為君、非為君而因栄也。非為君而因安也。以為行理也。行理生於当染。故古之善為君者、労於論人、而佚於官治。得其経也。不能為君者、傷形費神、愁心労耳目。国愈危、身愈辱。不知要故也。不知要則所染不当。所染不当、理奚由至。六君者是已。六君者、非不重其国、愛其身也。所染不当也。存亡故不独是也。帝王亦然。

◉行いの理まる――「理」は玉の美しい筋目やあやをみがき出すこと。転じて行為が筋目にかなってあや、美徳をおびるよう心がけること。

二九　孔子と墨子の感化

ただ国家にだけ感化がいわれるのではなく、士にもやはり感化はある。孔子は老聃・孟蘇夔・靖叔に学んだ。魯の恵公は宰譲を派遣して天地宗廟を祭る儀式を天子に学ばせた。平王は史角に命じて魯にこれを教えさせた。恵公はかれを留めて帰さなかった。その子孫は魯の国に残り、墨子はかれらに学んだ。孔子と墨子の二人は、人々をより上位に引き上げるべき爵位ももたず、人々に利益を与えるべき褒賞も禄位もないのに、天下の最も栄誉ある人物を挙げるときには、必ずこの二人を口にする。二人ともいまは死没して久しいが、その仲間はいよいよ多く、弟子もますます増え、天下に充ち満ちている。王公大人たちはかれらを尊敬していよいよ顕栄にし、愛する子弟をかれらに托して教育を受けさせ、一時的にでも途絶えることがない。子貢・子夏・曾子は孔子に学び、田子方は子貢に学び、段干木は子夏に学び、呉起は曾子に学んだ。禽滑釐は墨子に学び、許犯は禽滑釐に学び、田繋は許犯に学んだ。孔墨の後学で天下に著名になったものは数多く、数えきれない。すべて感化する者が当を得ていた

からである。（仲春紀　当染）

独り国にのみ染まること有るに非ざるなり。士にも亦た染まること有るなり。孔子は老聃・孟蘇夔・靖叔に学ぶ。魯の恵公、宰譲をして郊廟の礼を天子に請わしむ。平王、史角をして往かしむ。恵公之を止め、其の後は魯に在り。墨子焉に学ぶ。此の二士は、爵位以て人を顕らかにするなく、賞禄以て人を利することなきも、天下の顕栄なる者を挙ぐれば、必ず此の二士を称するなり。皆死して久しきも、徒属弥いよ衆く、弟子弥いよ豊かに、天下に充満し、王公大人従いて之を顕わし、愛子弟ある者は随いて焉に学ばしめ、時として乏絶することなし。子貢・子夏・曾子は孔子に学び、田子方は子貢に学び、段干木は子夏に学び、呉起は曾子に学ぶ。禽滑釐は墨子に学び、許犯は禽滑釐に学び、田繫は許犯に学ぶ。孔墨の後学の天下に顕栄なる者衆く、数うるに勝うべからず。皆染まるところのもの当を得たればなり。

非独国有染也、士亦有染。孔子学於老聃・孟蘇夔・靖叔。魯恵公使宰譲請郊廟之礼於天子。平王使史角往。恵公止之、其後在於魯。墨子学焉。此二士者、無爵位以顕人、無賞禄以利人、挙天下之顕栄者、必称此二士也。皆死久矣、徒属弥衆、弟子弥豊、充満天下、王公大人従而顕之、有愛子弟者随而学焉、無時乏絶。子貢・子夏・曾子学於孔子、田子方学於子貢、段干木学於子夏、呉起学於曾子。禽滑釐学於墨子、許犯学於禽滑釐、田繫学於許犯。孔墨之後学顕栄於天下者衆矣、不可勝数。皆所染者得当也。

◉老聃——老子のこと。道家思想の創唱者。◉孟蘇夔——不明。◉靖叔——不明。◉史角——不明。史佚（しいつ）と関係する人物か。◉墨子——名は翟（てき）。墨家思想の創唱者。◉子貢・子夏・曾子——孔子の代表的な弟子たち。◉田子方——戦国魏（ぎ）の人。文侯の師となる。◉段干木——戦国魏の人。賢人だが生涯在野で過ごす。◉呉起——戦国衛（えい）の人。戦術家。『呉子（ごし）』を著す。◉禽滑釐——墨子の弟子で、その死後集団のリーダーである鉅子（きょし）の地位につく。◉田繫——田鳩（でんきゅう）または田俅子（でんきゅうし）とも書かれる。

三〇　功名を得て当然

正しい道によって行ったならば、功名手柄（てがら）が逃げ出すはずのないことは、日かげ柱とその影との関係、呼び声とこだまとの関係のようにぴったり一致しているものである。よく釣りする者は、七十尺の深さから魚を釣り上げる。餌（えさ）が香（こう）ばしいからである。よく鳥を射（い）る者は、はるか高空の鳥を射落とす。弓がすばらしいからである。よい君主は、南北のえびすや異なった言語を使う者、風俗習慣の違った者まで、すべてを服従させる。君主の徳が厚いからである。水が深ければ魚や亀はそこに集まり、木々が繁茂していれば鳥はそこに巣をつくり、多くの草が茂みをつくっていれば獣たちはそこに居つき、君主が賢人であれば豪傑たちはそこに慕いよる。だから聖王は、人物を集めることにつとめないで、集まるゆえんのものに努力を集中する。（仲春紀功名）

　その道に由らば、功名の逃るるを得べからざること、猶お表と影とのごとく、呼と響との若し。善く釣る者は魚を十仞の下より出す。餌香ばしければなり。善く弋する者は鳥を百仞の上より下す。弓良ければなり。善く君たる者は、蛮夷反舌、殊俗異習なる者皆之に服す。徳厚ければなり。水泉深ければ則ち魚鼈之に帰し、樹木盛んなれば則ち飛鳥之に帰し、庶草茂れば則ち禽獣之に帰し、人主賢なれば則ち豪桀之に帰す。故に聖王は之に帰せしむるものを務めずして、その帰する所以のものを務む。

　由其道、功名之不可得逃、猶表之与影、若呼之与響。善釣者出魚乎十仞之下。餌香也。善弋者下鳥乎百仞之上。弓良也。善為君者、蛮夷反舌、殊俗異習皆服之。徳厚也。水泉深則魚鼈帰之、樹木盛則飛鳥帰之、庶草茂則禽獣帰之、人主賢則豪桀帰之。故聖王不務帰之者、而務其所以帰。

◉表――日かげ柱。柱に目もりをつけその影によって時を計る。◉弋――矢に糸をつけて射る弓の一種。◉反舌――外国の言語。

三一 施策のかなめ

厳寒には民衆は暖かい場所を望み、暑熱には清冷を求めて走る。このように民衆には決まった居場所はなく、利益のあるところに集まり、無ければ離れ去る。天子たらんとする者は、民衆の動向をよくよく考えなければいけない。今の世界は、厳寒であり暑熱である。ひどい世の中である。それでも民衆がどこへも逃げ出さないのは、どこへ行ったとて、状況は同じだからである。天子たらんとする者は、民衆への政策は、他所(よそ)とは異なったものをもたなければならない。政策が同じでは暴乱な政治がいまに倍して行われても民衆はどこへも行こうとしないだろう。民衆がどこへも行こうとしないのは、王者の政治が不在だからである。それは暴君にとっては都合がよいが、それでは民衆は絶望するばかりである。だからいまの世界で、仁義をわきまえたものが位に即いたならば、仁義の実践につとめなければならないし、賢君が立ったならば暴乱を止める政策を行わなければならない。

大寒既に至れば、民煖を是れ利とす。大熱上に在れば、民清に是れ走る。是の故に民に常処なくして、利を見れば之ち聚まり、無ければ之ち去る。天子たらんと欲すれば、民の走るところ、察せざるべからず。今の世、至寒なり、至熱なり。而して民の走るなき者は、取くも則ち行い鈞しければなり。天子たらんと欲すれば、以て民に示すところ、異ならざるべからず。行い異ならざれば、乱今に倍すと雖も、民なお走ることなからん。民走ることなければ、則ち王者廃れ、暴君幸いし、民望みを絶つ。故に当今の世、仁人の在るあらば、而て此れを務めざるべからず、賢主あらば、而て此れを事とせざるべからず。

大寒既至、民煖是利。大熱在上、民清是走。是故民無常処、見利之聚、無之去。欲為天子、民之所走、不可不察。今之世、至寒矣、至熱矣。而民無走者、取則行鈞也。欲為天子、所以示民、不可不異也。行不異、乱雖倍今、民猶無走。民無走、則王者廃矣、暴君幸矣、民絶望矣。故当今之世、有仁人在焉、不可而不此務、有賢主不可而不此事。

◉煖――暖に同じ。　◉清――清冷の所。　◉之ち――則に同じ。　◉而て――以に同じ。

三二　賢と不肖を分別すること

賢不肖をはっきりと分別せねばならないのは、ちょうど人間の運命が変更できず、人間の美醜が変えられないようなものだからである。桀王や紂王は、最高身分の天子となり、世界中の富を所有し、あらゆる民衆に権力を奮ったが、ついに仁義をそこなう者の名を得て賢名を諡とされることはなかった。関竜逢や王子比干は身を捨てて桀と紂とに諫言したが、ついに二人に賢者の諡をうけさせることができなかった。名はもとよりはっきりと善悪に分けられなければならないが、その場合も必ず明確な理由が根底になければならない。

賢不肖以て相い分たざるべからざるは、命の易うべからざるが若く、美悪の移すべからざるが若し。桀・紂貴きこと天子と為り、富は天下を有し、能く尽く天下の民を害するも、而も賢名を得ること能わず。関竜逢・王子比干は能く要領の死を以て、その上の過を争う。而れども之に賢名を与うること能わず。名は固より以て相い分たざるべからず、必ずその理に由る。

賢不肖不可以不相分、若命之不可易、若美悪之不可移。桀紂貴為天子、富有天下、能尽害天下之民、而不能得之賢名。関竜逢・王子比干能以要領之死、争其上之過。而不能与之賢名。名固不可不以相分、必由其理。

◉命――個人の運命の長短。◉関竜逢――夏の賢臣。桀の長夜の飲を諫めて殺される。◉王子比干――殷の紂王の叔父。紂に心臓を切り開かれて死んだという。◉要領の死――要は腰、領は頸。斬殺されて死ぬことをいう。

三三　目的は天寿を全うすること

天は陰陽二気を生み、そこから寒暑や乾期雨期、四季の変化、万物の多様さが発生したが、そこには有益なものも有害なものも存在した。聖人は陰陽の気のほどよく調和したところを見抜き、万物の有益なところをえりすぐって人間の生に便宜を与えた。だから精神は肉体の中で安定し、かくして寿命を長くすることができた。長くするというのは、もともと短いものをつぎ足して長くするのではなく、その者の天寿を全うさせることである。天寿を全うするためにすべきことは、有害なものを排除することである。何をもって有害を排除するというのか。ひどい甘さ、ひどい酸っぱさ、ひどい苦さ、ひどい辛さ、ひどい塩辛さ、この五者が肉体に充満すると生命は害される。ひどい喜び、ひどい怒り、ひどい悩み、ひどい畏れ、ひどい哀しみ、この五者が心をうつと生命は害される。ひどい寒さ、ひどい暑さ、ひどい乾燥、ひどい湿度、ひどい風、ひどい霖、ひどい霧、この七者が人の精気をかき乱すと生命は害される。だからおよそ養生は、その本質が心の安定にあることを知るのがもとである。この大本を理解すれば、病気は侵入しようがないのである。（季春紀　尽数）

> 天陰陽を生じ、寒暑燥溼、四時の化、万物の変、利を為さざるなく、害を為さざるなし。聖人は陰陽の宜を察し、万物の利を弁じて以て生に便とす。故に精神は形に安んじて、年寿長ずることを得。長ずるとは、短くして之を続ぐに非ず、その数を畢くすなり。数を畢くすの務めは、害を去るに在り。何をか害を去ると謂う。大甘・大酸・大苦・大辛・大鹹、五者形に充つれば則ち生に害あり。大喜・大怒・大憂・大恐・大哀、五者神に接すれば則ち生に害あり。大寒・大熱・大燥・大溼・大風・大霖・大霧、七者精を動かせば則ち生に害あり。故に凡そ養生は、本を知るに若くは莫く、本を知らば則ち疾由りて至るな

し。

天生陰陽、寒暑燥溼、四時之化、万物之変、莫不為利、莫不為害。聖人察陰陽之宜、弁万物之利以便生。故精神安乎形、而年寿得長焉。長也者、非短而続之也、畢其数也。畢数之務、在乎去害。何謂去害。大甘・大酸・大苦・大辛・大鹹、五者充形則生害矣。大喜・大怒・大憂・大恐・大哀、五者接神則生害矣。大寒・大熱・大燥・大溼・大風・大霖・大霧、七者動精則生害矣。故凡養生、莫若知本、知本則疾無由至矣。

◉数を畢くす――天から与えられた年数を全うして夭折(ようせつ)しないの意。◉精――人の精気。上の形・神に対して用いられる。

三四　精気はものに集中する

精気が集まるのは、必ず何かのものについてである。飛鳥に集まればともに飛翔(ひしょう)し、走獣に集まればともに活動し、珠玉(しゅぎょく)に集まればともに輝き、樹木に集まればともに繁茂し、聖人に集まればともに明らかとなる。精気が集まるとき、軽いものは飛翔させ、走るものは疾駆(しっく)させ、美しいものはより美しく、伸長するものは助長し、智な

るものはさらに明晳にする。（季春紀　尽数）

精気の集まるや、必ず入るあるなり。羽鳥に集まれば与に飛揚を為し、走獣に集まれば与に流行を為し、珠玉に集まれば与に精朗を為し、樹木に集まれば与に茂長を為し、聖人に集まれば与に敻明を為す。精気の来るや、軽きに因りて之を揚げ、走るに因りて之を行かしめ、美に因りて之を良くし、長に因りて之を養い、智に因りて之を明らかにす。

精気之集也、必有入也。集於羽鳥与為飛揚、集於走獣与為流行、集於珠玉与為精朗、集於樹木与為茂長、集於聖人与為敻明。精気之来也、因軽而揚之、因走而行之、因美而良之、因長而養之、因智而明之。

◉必ず入るあり——精気が物について集まること。◉飛揚——飛翔。◉敻明——おおいに智慧が明らかなこと。

三五　流水は腐らず

流れる水は腐らず、開き戸の枢に虫がつかないのは、動いているからである。人間の肉体や精気も同様で、肉体が活動しなければ精気も流行せず、精気が流行しなければ、普通の気も鬱結する。鬱結が頭の場合には癰や中風となり、耳の場合には難聴や聾となり、目の場合には視力が落ち、盲となり、鼻の場合には鼻がつまり、ふさがり、腹の場合には腹が張り腹痛となり、足の場合には筋肉痛や脚気となる。（季春紀尽数）

流水は腐らず、戸枢螻せざるは、動けばなり。形気も亦た然り。形動かざれば則ち精流れず、精流れざれば則ち気鬱す。鬱すること頭に処れば則ち腫と為り風と為り、耳に処れば則ち挶と為り聾と為り、目に処れば則ち䁾と為り盲と為り、鼻に処れば則ち鼽と為り窒と為り、腹に処れば則ち張と為り府と為り、足に処れば則ち痿と為り蹷と為る。

流水不腐、戸枢不螻、動也。形気亦然。形不動則精不流、精不流則気鬱。鬱処頭則為腫為風、処耳則為挶為聾、処目則為䁾為盲、処鼻則為鼽為窒、処腹則為張為府、処足則為痿為蹷。

◉戸枢――戸のとぼそ。扉の回転軸のこと。

◉螻す――螻はけらのこと。ここでは広く

虫をさす。虫が木を侵食する、意。◉腫──癰、腫れもの。◉風──中風のこと。◉挶──支えもつの意から、転じて耳に手をあてて聴く、難聴の意に用いる。◉䁾──視力が弱まること。◉鼽・窒──いずれも鼻がつまること。◉張──腹がはること。◉府──疛のことで、腹痛のこと。◉痿──筋肉のしびれなどの病気。◉蹷──脚気。

三六　食事の作法

いったい食事に濃厚なものをとってはいけない。味のきつい料理や強い酒、こういうのを万病のもとという。食事の時間がきちんとしていれば、身に病気などの災厄が下ることはない。いったい食事の正しいあり方は、空腹に過ぎず満腹もせずということで、こういうのを五臓の宝という。食べるときには美味しく食べ、気持ちを和らげ姿勢もきちんとし、ゆったりした気分で食事をとる。そうすれば身体中の節々も楽しみ喜んで、すべての養分を受け容れる。飲みものは少しずつ飲み、まっすぐに嚥み下す。（季春紀　尽数）

凡そ食には彊厚することなかれ。烈味重酒是れを之れ疾首と謂う。食するに能く時を以てすれば、身必ず災いなからん。凡そ食の道、飢うることなく飽くことなかれ。是れを之れ五蔵の葆(ほう)と謂う。口は必ず味を甘しとし、精を和らげ容(かたち)を端(ただ)し、之(これ)を将(ひき)いるに神気(しんき)を以てす。百節虞歓(ぐかん)し、咸(ことごと)く進んで気を受く。飲むには必ず小咽(しょういん)し、端直(たんちょく)戻(もと)ることなし。

凡食無彊厚。烈味重酒、是之謂疾首。食能以時、身必無災。凡食之道、無飢無飽。是之謂五蔵之葆。口必甘味、和精端容、将之以神気。百節虞歓、咸進受気。飲必小咽、端直無戻。

◉彊厚——濃厚な味つけのもの。◉重酒——度の強い酒。◉葆——宝と同じ。◉神気——ここでは充足した気分、の意。◉虞歓——楽しみ喜ぶこと。

▼「養生」が考えられれば、食事の作法・食べものなどについて関心が向けられるのも当然のことである。『管子』「内業篇」にも「食之道」についての講説がある。

三七　卜筮禱祠(ぼくぜいとうし)に頼るのは末(すえ)

いま世間では卜筮や呪(のろ)いが盛んである。だから病気もいよいよはやるのである。たとえば弓を射(い)る者が、射ても少しも的中しない。そこで的(まと)の位置が悪いからだとしてこれを変える。こんなことをしてみてもどうして弓を射ることに役立つことがあろうか。いったい熱湯をそそいで沸騰する湯を冷まそうとしても、いっそう沸騰するだけで冷めはしない。その火を消せば沸騰はたちどころに止む。こういうわけで巫医の祈禱や薬、またお祓いで病気を癒そうというのは、古の人は愚かなこととしてさげすんだ。それは本質からそれた末のことだからである。（季春紀　尽数）

今世上卜筮禱祠す。故に疾病愈いよ来る。之を譬うるに射る者、射て中らず、反って于招を修むるが若し。何ぞ中るに益あらん。夫れ湯を以て沸を止むれば、沸愈いよ止まず。その火を去らば則ち止む。故に巫医毒薬、逐除して之を治むるは、古の人之を賤しむ。その末なるが為なり。

今世上卜筮禱祠。故疾病愈来。譬之若射者、射而不中、反修于招。何益於中。夫以湯止沸、沸愈不止。去其火則止矣。故巫医毒薬、逐除治之、古之人賤之也。為其末也。

◉中る――当たること。　◉于招――弓の的。　◉逐除す――呪いなどをして悪疫を追い払うこと。

三八　身を治めることが根本

湯王は伊尹にたずねていった。「天下を治めるのにはどうすべきか」。伊尹は答えた。「天下を治めようとしたのでは、天下を治めることはできません。治めるべき対象は、先ず自分自身にあるのですから」。いったいすべてのことの根本は、必ずまずみずからを治め、その身を愛しみ大切にすることにある。新しい気を用いて古い気を棄て、皮膚の間から邪気と精気とを代謝させる。精気は日ごとに新しく、邪気はすべて排出され、かくしてその天寿は全うされる。こういう者を真人、真実の徳を身につけた人という。（季春紀　先己）

湯、伊尹に問いて曰わく、「天下を取めんと欲す、若何」。伊尹対えて曰わく、「天下を取めんと欲すれば、天下は取むべからず。取むべきは、身将に先に取めん」。凡そ事の本は、必ず先ず身を治め、その大宝を嗇むにあり。その新を用い、その陳きを棄て、腠理遂通す。精気日に新たに、邪気尽く去りて、その天年に及ぶ。此れを之れ真人と謂う。

湯問於伊尹曰、欲取天下若何。伊尹対曰、欲取天下、天下不可取。可取、身将先取。凡事之本、必先治身、嗇其大宝。用其新、棄其陳、腠理遂通。精気日新、邪気尽去、及其天年。此之謂真人。

◉伊尹――殷の賢相。名は摯。湯王に仕えて殷王朝を興すのに大功があった。◉取む――治むと同じ。◉嗇む――愛惜する。◉大宝――その身、身体のこと。◉腠理――皮膚のすきま、きめのこと。◉遂通す――上下に往き来する。代謝のこと。◉真人――真実の徳を身につけた人。

三九　わが身を正して天下に及ぶ

古の聖王たちは、まず自身の完成を目ざし、そののちに天下を考え、自身をきちんと修めたうえで天下を治めた。耳に快い響きは、響きのよさによるのではなくて、もとの音色のよさによる。まっすぐな影は、影のまっすぐさによるのではなくて、もとの形のまっすぐさによる。よく天下を治めている君主は、天下を治めているからそうなのではなくて、自身をきちんと修めていることによる。『詩経』にもいっている。「善人の君子たちは、道理に疑点がない。道理に疑点がないから四方の国々を是正することもできる」と。これは政治が自身をきちんとすることから始まることをいうのである。だからよく自身をふりかえってみる者は身が修まり、仁義を行えば人民は善良となり、君主たる道を具備すれば、百官は治まり、万民も利益を得る。そしてこの三者の成功のかぎは、君主の無為にこそある。（季春紀　先己）

昔、先聖王、その身を成して天下成り、その身を治めて天下治まる。故に善く響くものは響に於てせずして声に於てし、善く影するものは影に於てせずして形に於てし、天下を為むる者は天下に於てせずして身に於てす。詩に曰わく、「淑人たる君子は、その儀忒わず。その儀忒わずして、是の四国を正す」。諸を身に正しくすると言うなり。故にその道に反れば而ち身善く、義を行えば則ち人善し。君道を備うるを楽しめば而ち百官已に治まり、万民已れに利す。三者の成るや、無為に在るのみ。

昔者先聖王、成其身而天下成、治其身而天下治。故善響者不於響於声、善影者不於影於形、為天下者不於天下於身。詩曰、淑人君子、其儀不忒、其儀不忒、正是四国。言正諸身也。故反其道而身善矣、行義則人善矣。楽備君道、而百官已治矣、万民已利矣。三者之成也、在於無為。

◉詩曰――この詩は『詩経』中の曹風の「鳲鳩篇」。忒は疑う、まどう、の意。

四〇　伯啓の戦い

夏の帝伯啓は、有扈氏と甘沢の地に戦ったが勝てなかった。大臣たちは再戦をのぞんだ。夏帝伯啓はいった。「いやいけない。わが土地は小さいとはいえない。わが民は少ないとはいえない。にもかかわらず戦って勝てないのは、わたしの徳が薄く教化も浅いせいである」。そこで以後布団も薄く、食事も粗末にし、琴瑟は取り止め、鐘鼓は廃止し、子女は文飾を身につけず、身内を大切にし、目上を尊敬し、賢者を尊び、能者を優遇した。こうして一年、有扈氏は戦わずして服従してきた。だから他人に勝とうとする者はまず自己に打ち克つべきであり、他人を論評しようとする者はまず自己を反省すべきであり、他人を理解しようとする者はまず自己をはっきりと知らなければならない。（季春紀　先己）

夏后伯啓、有扈と甘沢に戦いて勝たず。六卿之を復びせんことを請う。夏后伯啓曰わく、「不可なり、吾が地浅からず、吾が民寡からずして戦いて勝たず。是れ吾が徳薄くして教え善からざればなり」。是に於てか処るに席を重ねず、食するに味を弐ねず、琴瑟張らず、鐘鼓修めず、子女飾らず、親を親とし長を長とし、賢を尊び能を使う。期年にして有扈氏服す。故に人に勝たんと欲する者は必ず先ず自らに勝ち、人を論ぜんと欲する者は必ず先ず自ら論じ、人を知らんと欲する者は必ず自ら知るべし。

夏后伯啓与有扈戦於甘沢而不勝。六卿請復之。夏后伯啓曰、不可。吾地不浅、吾民不寡、戦而不勝。是吾徳薄而教不善也。於是乎処不重席、食不弐味、琴瑟不張、鐘鼓不修、子女不飭、親親長長、尊賢使能。期年而有扈氏服。故欲勝人者必先自勝、欲論人者必先自論、欲知人者必先自知。

◉夏后伯啓——夏后は夏王朝の君、伯啓は禹の子啓のこと。◉有扈——諸侯の一。◉六卿——大臣たち。◉席——蓆に同じ。むしろ、ござの類。◉期年——まる一年。

四一　門戸を出でずして

孔子が魯の哀公に面会したとき、哀公はいった。「ある人が、わたしにいった。『国家を治めるのは、ただ廟堂のことをきちんとすればよい』と。しかし、わたしはこれは迂遠な話だと思います」。孔子は答えた。「それは迂遠なことではありません。わたしはこう聞いております。『何かを自分で習得している者だけが、他人にこれを伝授でき、自分で損失した経験のある者だけが、他人に損失を与えることができる』と。

戸外に少しも出ないで、なおかつ天下が治まるというのは、たぶん自分自身にふり返ってものを見ることができる人ではじめてできることでありましょう」。（季春紀　先己）

孔子魯の哀公に見ゆ。哀公曰わく、「寡人に語るもの有りて曰わく、『国家を為むる者は、之を堂上に為めんのみ』と。寡人以て迂言と為す」。孔子曰わく、「此れ迂言に非ざるなり。丘之を聞く、『之を身に得たる者は之を人に得しめ、之を身に失いし者は之を人に失わしむ』。門戸を出でずして天下治まる者は、それ唯だ己が身に反るを知る者か」。

孔子見魯哀公。哀公曰、有語寡人曰、為国家者、為之堂上而已矣。寡人以為迂言也。孔子曰、此非迂言也。丘聞之、得之於身者得之人、失之於身者失之人。不出於門戸而天下治者、其唯知反於己身者乎。

◉寡人――諸侯の自称。　◉迂言――事情にうといことば。

四二　君主の道は簡約

君主の道は簡約で、守るべきことは身近にある。最良のものは、自身をふり返って求め、その次は人に求める。求める対象が遠くなればなるほど、いよいよ疎遠となって得ることはできない。求めることが強くなればなるほど見失って手にすることはできない。どういうものを自分をふり返って求めるというのであろうか。声色を適切に、嗜欲を節制し、智謀を棄去し、偽詐の心を除き、意を暢びやかに自由に遊ばせ、心を自然のままに任せる。このようにすればその天性を害うことはない。天性を害うことがなければ自然の精緻さを知り、精緻さを知れば神明を知るに至る。神明を知ることは、一を得たこと、つまり道と一体になったことである。およそ万事万物は道を得てのちに形をもつものである。だから道を得たということは、万物の変化に適応し、博大にして深淵で、測ることができないほど大きい。徳行は明らかにあらわれて日月にも比べられ、しかも熄むときはない。豪傑の士も時に応じて至り、遠方の賓客も訪れ来って、止まることがない。心気はのびのびと解放され、束縛されることはなく、人に操られることもない。だから、知が道と一体となった者は、自然の淳樸さに帰るのである。欲望は満たしやすく、養生の法も適切で、だれも奪い妨げることはできない。世俗から離れて自得し、心は潔らかで、だれも汚しよごすことはできない。威力でも驚懼させることができず、厳厲さでも恐怖させることができず、だれも屈服させることはできない。だから知が道と一体となった者は、行動はまさに為すべきことを為し、時に応じてゆきとどき、いつも窮まることはない。挙動はすべて理に当たり、交渉ごとは筋が通っていて、だれも胡麻化すことはできない。発言が事実と違わないことは、皮膚が身体にぴったりしているようで、だれも更め変えることはできない。悪人は落ちぶれ、賢人が興隆することは、明白で隠蔽することはできない。だから知が道と一体となった者は、天地のような自然の存在で、いかなることでも対処でき、いかなるものにも対応できるのである。たとえば秀れた御者は自分のことをよく考えるから、馬を軽快に走らせて遠乗りをし、帰ってから食事をしてもいっこうに疲れないようなものである。昔、古い時代の亡国の主は、すべての過ちは他人にあるとした。そこで毎日人を処罰して止むことがなく、ついに滅亡に至りながらみずからの過ちを悟ることがなかった。三代の興国の王たちは、すべての罪は己れにあるとした。そこで毎日為すべきことにつとめて怠らず、ついに天下に王となったのである。

（季春紀　論人）

主の道は約にして、君の守は近し。太上は諸を己れに反し、その次は諸を人に求む。その之を索めること弥いよ遠きものは、その之を推すこと弥いよ疏なり。その之を求むること弥いよ彊きものは、その之を失うこと弥いよ遠し。何をか諸を已れに反すと謂うか。耳目を適し、嗜欲を節し、智謀を釈て、巧故を去り、意を無窮の次に游ばせ、心を自然の塗に事す。此くの若くなれば則ち以てその天を害うことなし。以てその天を害うことなければ則ち精を知る。精を知らば則ち神を知る。神を知る、之を一を得たりと謂う。凡そ彼の万形、一を得て後成る。故に一を知らば、則ち物に応じて変化し、闊大淵深にして、測るべからざるなり。徳行昭美にして、日月に比び、息むべからざるなり。豪士時に至り、遠方より来賓して、塞ぐべからざるなり。意気は宣通し、束縛するところなくして、牧うべからざるなり。故に知一を知らば、則ち樸に復帰す。嗜欲足らし易く、養を取ること節薄にして、奪うべからざるなり。世を離れて自ら楽しみ、中情は潔白にして、墨すべからざるなり。威も懼す能わず、厳も恐れしむる能わずして、服すべからざるなり。故に知一を知らば、則ち動作は務めに当たり、時と周旋して、極むべからざるなり。挙錯は数を以てし、取与は理に遵いて、惑わすべからざるなり。言うこと遺すなきものは、肌膚に集わりて、革むべからざるなり。讒人は困窮し、賢者は遂興して、匿すべからざるなり。故に知一を知らば、則ち天地の若く然り。則ち何の事か之れ勝えざらん、何の物か之れ応ぜざらん。之を譬うるに御者の諸を已れに反せば、則ち車軽く馬利にして、遠きを致し復食して倦れざるが若し。昔、上世の亡主、罪を以て人に在りと為す。故に日々に殺僇して止まず、以て亡に至るも悟らず。三代の興王は、罪を以て己れに在りと為す。故に日々に功して衰えず、以て王に至る。

主道約、君守近。太上反諸己、其次求諸人。其索之弥遠者、其推之弥疏。其求之弥彊者、其失之弥遠。何謂反諸己也。適耳目、節嗜欲、釈智謀、去巧故、而游意乎無窮之次、事心乎自然之塗。若此則無以害其天矣。無以害其天則知精。知精則知神。知神之謂得一。凡彼万形、得一後成。故知一、則応物変化、闊大淵深、不可測也。徳行昭美、比於日月、不可息也。豪士時至、遠方来賓、不可塞也。意気宣通、無所束縛、不可牧也。故知知一、則復帰於樸。嗜欲易足、取養節薄、不可奪也。離世自楽、中情潔白、不可墨也。威不能懼、厳不能恐、不可服也。故知知一、則動作当務、与時周旋、不可極也。挙錯以数、取与遵理、不可惑也。言無遺者、集於肌膚、不可革也。讒人困窮、賢者遂興、不可匿也。故知知一、則若天地然。則何事之不勝、何物之不応。譬之若御者、反諸己、則車軽馬利、致遠復食而不倦。昔上世之亡主、以罪為在人。故日殺僇而不止、以至於亡而不悟。三代之興王、以罪為在己。故日功而不衰、以至於王。

◉反す——反省すること。　◉巧故——偽詐のこと。　◉無窮の次——次は宿（しゅく）。無窮の宿とは道のこと。◉塗――道と同じ。◉一――道をさす。◉息む――熄む、止まると同じ。◉牧う――養う、面倒をみる。◉樸――自然の淳樸さ。◉墨す――汚す、よごす。

四三　人物の見分け方

どのようなものを他人に求めるというのであろうか。人間は人間として同じでも智慧には殊別があり、賢と不肖との違いがある。しかし皆巧みなことばで自分を飾り、自分を擁護している。この点で愚かな君主は判断を誤るのである。およそ他人を判断するときには、通達した人であればかれが礼遇する相手を見、貴顕の人であればかれが推薦する人物を見、金持ちであればかれが養い面倒をみているものを見、意見を聞いた場合にはかれの実際の行動を見、無事のときにはかれの好尚するところを見、慣れ親しんだときにはかれの言動を見、窮迫したときにはかれのものへの潔癖さを見、身分が低いときにはかれの為さざることが何かを見て、その賢さがどの程度かを知る。喜ばせてかれが守るところを見、楽しませてかれの性癖を見、怒らせてかれの節操をしらべ、恐れさせてかれの自持の心を見、哀しませてかれの愛情を見、苦しませてかれの志操をしらべる。以上の八観、つまり八つの観点と六験つまり六つのしらべ方、これが賢主の人を判断するときの方法である。他人を判断するときにはまた六戚、六つの人間関係と四隠、四つの社会関係とを用いる。何を六戚というのか。父・母・兄・弟・妻・子の六つの人間関係である。何を四隠というのか。交友・故旧・邑里・同門の四つの社会関係である。内部ではこの六戚四隠を用い、外部では八観六験の法を用いれば、人の真偽・貪鄙・善悪ははっきりとわかる。たとえば雨を避けようとして、どこに逃れても濡れてしまうのと同じように、欺しようがない。これが聖王の人を見抜く方法である。（季春紀　論人）

何をか諸を人に求むと謂うか。人は類を同じくするも智は殊に、賢不肖も異なる。皆巧言弁辞、以て自ら防御す。此れ不肖主の乱るる所以なり。凡そ人を論ずるには、通なれば則ちその礼するところを観、貴なれば則ちその進むところを観、富めば則ちその養うところを観、聴かば則ちその行うところを観、止まらば則ちその好むところを観、習えば則ちその言うところを観、窮すれば則ちその受けざるところを観、賤なれば則ちその為さざるところを観る。之を喜ばして以てその守を験し、之を楽しませて以てその僻を験し、之を怒らせて以てその節を験し、之を懼れさせて以てその持するものを験し、之を哀しませて以てその人を験し、之を苦しめて以てその志を験す。八観六験、此れ賢主の人を論ずる所以なり。人を論ずる者は、又必ず六戚四隠を以てす。何をか六戚と謂う。父母兄弟妻子なり。何をか四隠と謂う。交友故旧邑里門郭なり。内には則ち六戚四隠を用い、外には則ち八観六験を用うれば、人の情偽貪鄙美悪失うところなし。之を譬うれば雨を逃るるも、汗るること之くとして是れに非ざるなきが若し。此れ聖王の人を知る所以なり。

何謂求諸人。人同類而智殊、賢不肖異。皆巧言弁辞、以自防御。此不肖主之所以乱也。凡論人、通則観其所礼、貴則観其所進、富則観其所養、聴則観其所行、止則観其所好、習則観其所言、窮則観其所不受、賤則観其所不為。喜之以験其守、楽之以験其僻、怒之以験其節、懼之以験其持、哀之以験其人、苦之以験其志。八観六験、此賢主之所以論人也。論人者、又必以六戚四隠。何謂六戚。父母兄弟妻子。何謂四隠。交友故旧邑里門郭。内則用六戚四隠、外則用八観六験、人之情偽貪鄙美悪無所失矣。譬之若逃雨、汙無之而非是。此聖王之所以知人也。

◉通――通達出世した人。　◉貴――貴顕の人。　◉聴く――意見を聴いたときには、の意。　◉止まる――無事平和のとき、の意。　◉習う――習熟し慣れたとき。　◉賤――身分が低い。　◉僻――性癖。　◉持する――みずから持する者の誇り。　◉人――

仁(じん)に同じ。愛情のこと。◉門郭——同じ路地に住む者。◉汙る——濡れること。

四四　天道は円(えん)、地道は方(ほう)

天のはたらきは円、地のはたらきは方、四角である。聖人はこれを手本として、上下の秩序を立てた。どうして天のはたらきは円だといえるのか。陰陽(いんよう)の気(き)は上ったり下ったり、時に往来循環して、留(とど)まることがない。だから天のはたらきは円というのである。どうして地のはたらきは方、四角だといえるのか。万物はすべて種類も異なり形も違うが、それぞれに職分をもっていて、他物に干与(かんよ)することはできない。だから地のはたらきは方だというのである。君主は天のはたらきに合わせ、臣下は地のはたらきに合わせて行動し、君臣のはたらきが入り乱れることがなければ、その国は隆盛する。(季春紀　圜道(えんどう))

天道は圜(えん)に、地道は方なり。聖王之(これ)に法(のっと)り、以(もっ)て上下を立つ。何を以て天道の圜(まる)きを説くや。精気は一上一下し、圜周(えんしゅう)復雑(ふくざつ)して、稽留(けいりゅう)するところなし。故(ゆえ)に天道圜なりと曰(い)う。何を以て地道の方なるを説くや。万物は殊類殊形なるも、皆分職ありて、相(あ)い為(な)すこと能(あた)わず。故に地道は方なりと曰う。主は圜を執(と)り、臣は方に処(お)る。方圜易(かわ)らざれば、その国乃ち昌ゆ。

天道圜、地道方。聖王法之、以立上下。何以説天道之圜也。精気一上一下、圜周復雑、無所稽留。故曰天道圜。何以説地道之方也。万物殊類殊形、皆有分職、不能相為。故曰地道方。主執圜、臣処方、方圜不易、其国乃昌。

◉精気――ここでは陰陽の気をさす。　◉復雑す――雑は匝ること。復りめぐる。

一日一夜で一周する。これが天のはたらきである。月は二十八宿を運行し、東方の角星から南方の軫星に終わるが、この星は連続して、円の動きをしている。日月は運行して四季をなし、上ったり下ったりしながら、互いに相い遇う。これも天の大きな円のはたらきである。およそ万物は動きがあって芽が萌し、芽が萌して出生し、出生して生育し、生育して完成する。完成すれば衰え、衰えれば枯れ、枯れれば地中にかくれる。これも天の循環するはたらきである。雲は西に流れてもくもくと湧き上がって間断なく冬夏に雨を降らせる。河泉は東流して日夜止むことなく、雨水は竭きず、海水も溢れることがない。小さな流れはより大きく、雨滴も軽くなって蒸発する。これも天の循環するはたらきである。黄帝はいう。「帝王には決まった場所はない。決まった場所がある者は、それは本ものではない」と。それは融通無碍だといいたいのである。これも天の自在なはたらきをいうのである。人間には九つの穴がある。一つの穴が塞がれば八つの穴はその作用が空転し、その状態が長くなれば身は斃れ死ぬ。だから返事をして相手の話を聴くときには、返事は終わって次の段階へと進んでいく。相手の話を聴いて、ものを視ているときには聴く状態は終わっている。このようにことばで何かを説くとき、説かれるものは同じ状態に留まらず次々と進展する。留まり停止すればものごとは敗れる。これも天の動いて止まないはたらきである。いわゆる一とは最高の存在で、その源流はわからず、その端緒もわからず、その始めもわからず、終わりもわからない。しかも万物はこれを本家と仰いでいる。聖人はこの一、すなわち天に則って、その天性を全うし、世の制度を定め、天下に号令を発する。号令は君主から発せられ、官僚たちはこれを行政にうつして、日夜止むことなく、下達につとめ、民心にあまねく、四方に行きわたり、めぐりめぐってもとの君主のところにまで至りつく。これも天のめぐりめぐるはたらきである。命令があまねく行きわたれば、可不可や善悪は蔽い隠しようがない。隠しようがないのは、君主の政道がうまくいっているからである。だから命令というものは、君主が生命をかけて依存するものであり、賢不肖や国家の安危がそれによって決定するものなのである。人間に四肢が備わっていて自由に使うことができるのは、感触があれば必ずそれとわかって反応するからのことである。感触はあるもののそれが何であるかがわからないのでは、四肢を使うことはできない。臣下も同じことである。君主の号令の意味がよく把握されないようでは、十分に使いこなせない。臣下がいても使えないというのでは、ないほうがましである。君主というものは、自分の臣下でない者も使う。舜や禹や湯王や武王、すべてそうであった。（季春紀　圜道）

日夜一周するは、圜道なり。月、二十八宿に躔り、軫と角と属するは、圜道なり。精、四時に行われ、一上一下、各々与に遇うは、圜道なり。物動けば則ち萌し、萌して生じ、生じて長じ、長じて大に、大にして成り、成れば乃ち衰え、衰えれば乃ち殺れ、殺るれば乃ち蔵るるは、圜道なり。雲気は西行し、云云然として冬夏輟まず。水泉は東流して、日夜休まず。上竭きず、下満たず、小は大と為り、重は軽と為るは、圜道なり。黄帝曰わく、「帝は常処なきなり。処有る者は乃ち処なきなり」。以て刑蹇せざるを言うは、圜道なり。人の竅は九なるも、一、居るところあれば八虚し。八虚しきこと甚だ久しければ則ち身斃る。故に唯にして聴けば唯止み、聴きて視れば聴止む。言を以て一を説くに、一は留まるを欲せずして、留運すれば敗を為すは、圜道なり。一とは至貴なり。その原を知るなく、その端を知るなく、その始めを知るなく、その終わりを知るなくして、万物以て宗と為す。聖王之に法り、以て其の性を全うし、以てその正を定め、以て号令を出す。令は主の口より出で、官職受けて之を行い、日夜休まず、宣通下究、民心に瀸く、四方に遂げ、還周復帰して、主の所に至るは、圜道なり。令圜れば則ち可不可善不善壅ぐところなし。壅ぐところなきは、主道通ずればなり。故に令とは、人主の命と為す所以なり、賢不肖安危の定まるところなり。人の形体四枝ありて、その能く之を使うは、その感ずれば而ち必ず知るが為なり。感じて知らざれば、則ち形体四枝使われざるなり。人臣も亦た然り。号令感ぜざれば、則ち得て使われず。之れ有るも使われざれば、有るなきに若かず。主なるものは有に非ざる者を使うなり。舜・禹・湯・武皆然るなり。

日夜一周、圜道也。月躔二十八宿、軫与角属、圜道也。精行四時、一上一下、各与遇、圜道也。物動則萌、萌而生、生而長、長而大、大而成、成乃衰、衰乃殺、殺乃蔵、圜道也。雲気西行、云云然冬夏不輟。水泉東流、日夜不休。上不竭、下不満、小為大、重為軽、圜道也。黄帝曰、帝無常処也。有処者乃無処也。以言不刑蹇、圜道也。人之竅九、一有所居則八虚。八虚甚久則身斃。故唯而聴、唯止、聴而視、聴止。以言説一、一不欲留、留運為敗、圜道也。一也至貴。莫知其原、莫知其端、莫知其始、莫知其終、而万物以為宗。聖王法之、以全其性、以定其正、以出号令。令出於主口、官職受而行之、日夜不休、宣通下究、瀸於民心、遂於四方、還周復帰、至於主所、圜道也。令圜則可不可善不善無所壅矣。無所壅者、主道通也。故令者、人主之所以為命也、賢不肖安危之所定也。人之有形体四枝、其能使之也、為其感而必知也。感而不知、則形体四枝不使矣。人臣亦然。号令不感、則不得而使矣。有之而不使、不若無有。主也者、使非有者也。舜・禹・湯・武皆然。

◉二十八宿――中国古代の天文学で日月五星の運行するところを二十八の星座に分けたもの。◉軫と角――軫は南方の烏鴉座のみつかけ星。角は東方の乙女(おとめ)座の一つの星。◉精――ここでは日月をさす。◉蔵る――大地に埋みかくれる。土に帰る、の意。◉云然――雲が湧き立つさま。◉刑蹇せざる――自在で障礙(しょうがい)のないこと。◉留運す――留まり滞(とどこお)ること。

四五　官吏は方正(ほうせい)のこと

古(いにしえ)の聖王が高官を採用するさいには、方正な人物を求めた。方正であれば各人の職分も安定し、安定していればだれもかくしだてをしない。尭(ぎょう)・舜(しゅん)は賢い天子であったが、いずれも賢人にその地位を譲って、あえて自分の子孫に譲ることはなかった。それはちょうど高官を採用するときに方正さを基準にしたようなものである。近ごろの君主は、みな代々国を失うまいとして自分の子孫に跡を襲がせ、また官吏を採用しても公正を守らせることができない。それは私欲が判断を狂わせているからである。何故であろうか。それは望むことが遠大で、しかも考えるところが鄙近だからである。五音が必ず反響し調和するのは、音階がそれぞれ一定しているからこそである。宮・商・角・徴・羽の五音はそれぞれの音階をきちんと守り、音調も諧和して、乱れることがない。これが必ず反響し調和する理由である。賢い君主の官職の立て方もこれと似ている。すべての官吏がそれぞれの持ち場を守って、責任を全うして君主の期待にむくいたならば君主はまことに安泰である。このようにして国家を治めたならば、国家は何の心配もない。このようにして国家への禍患を防いだならば、禍患もこの国には降りかかることはない。（季春紀　圜道）

先王の高官を立つるや、必ず之をして方ならしむ。方なれば則ち分定まり、分定まれば則ち下相い隠さず。尭・舜は賢主なり。皆賢者を以て後と為して、肯てその子孫に与えざること、猶お官を立てて必ず之をして方ならしむるが若し。今世の人主は、皆世々失う勿からんと欲して、その子孫に与う。官を立てて之をして方ならしむること能わざるは、私欲を以て之を乱せばなり。何ぞや。その欲するところのもの遠くして、知るところのものの近ければなり。今五音の応ぜざるなきや、その分審らかなればなり。宮徴商羽角、各々その処に処り、音皆調均し、以て相い違うべからず。此れ受けざるなき所以なり。賢主の官を立つるや、此れに似たるあり。百官各々その職に処り、その事を治めて以て主を待たば、主は安んぜざるなきなり。此れを以て国を治むれば、国利せざるなきなり。此れを以て患に備うれば、患由りて至ることなきなり。

先王之立高官也、必使之方。方則分定、分定則下不相隠。尭・舜賢主也。皆以賢者為後、不肯与其子孫、猶若立官必使之方。今世之人主、皆欲世勿失矣、而与其子孫。立官不能使之方、以私欲乱之也。何哉。其所欲者之遠、而所知者之近也。今五音之無不応也、其分審也。宮徴商羽角、各処其処、音皆調均、不可以相違。此所以無不受也。賢主之立官、有似於此。百官各処其職、治其事以待主、主無不安矣。以此治国、国無不利矣。以此備患、患無由至矣。

◉方——方正であること。◉五音——宮・商・角・徴・羽の五音階のこと。◉調均す

――調和すること。

II　夏の節

半夏生じ、木菫栄く
（夏の気は成熟と繁栄、草木もいっせいに華ひらく）

四六　立夏

この月は立夏に入る。立夏の日に先立つこと三日、太史はその旨を天子に告げて「某日が立夏です。徳は火の位の南方にあります」という。天子は三日の間斎戒する。立夏の当日には、天子はみずから三公・九卿・大夫を引きつれて、夏の気を南の郊外に出て迎える。王城へ帰ってから朝臣を賞し、諸侯には土地を与える。賞賜は公平なので喜ばない者はいない。（孟夏紀）

是の月や、立夏なるを以て、立夏に先だつ三日、太史之を天子に謁げて曰わく、「某日立夏、盛徳火に在り」と。天子乃ち斎す。立夏の日、天子親ら三公・九卿・大夫を率いて以て夏を南郊に迎う。還りて、乃ち賞を行い諸侯を封ず。慶賜して欣説せざるはなし。

是月、以立夏、先立夏三日、太史謁之天子曰、某日立夏、盛徳在火。天子乃斎。立夏之日、天子親率三公九卿大夫以迎夏於南郊。還、乃行賞封諸侯。慶賜、無不欣説。

四七　学問する者の心得

古の聖王の教えは、孝と忠とを最も栄誉とし顕彰した。忠孝は、君主や親の強く望むものである。世に栄え顕われることは、臣下や子として強く願うものである。しかし君主や親は欲するものを得られず、臣下や子は願うものを得られない。それは道理をわきまえないからである。道理をわきまえないことは、学問しないことから生じる。学問する者が、師につき、その師も通達した学者で、学生も秀れた才能をもっていたならば、やがては聖人とならないはずはない。聖人がいれば、天下は治まる。右にいれば右が重く、左にいれば左が重い。だから古の聖王は、聖人を養成する師を尊重したのである。師を尊重するというときには、師の地位の貴賤や貧富は問題にならない。このようにすれば、師の名前も広く知られ、すぐれた行いも世に知られる。だから師の価値を判断するのは、身分の上下や貴賤ではなくて、道理をどれだけわきまえているかにかかっている。師の品徳がよいならば、学生への教育は成功し、求めることはすべて得られ、欲することはすべて達成される。これらは聖人を得て師とすることから生まれる。聖人は学問をすることから生まれる。学問もしないで偉人や名士になった者は未だかつてない。学問をするというのは、師を尊重することである。師を尊重するとき、師のことばは信ぜられ、その道も講論される。だからこちらから出向いて人を教える人は、人を教化できないし、師を呼びつけて教わる者も感化されない。みずから卑しむ師は聴き従われないし、師を卑しむ者は師に聴き従わない。師が、こうして感化もできず聴き従われもしないのに、むりやり教え込んで、しかも道理が行われ、自分も栄達することを望んでもそれはどだい無理である。一方学生も、感化もされず聴き従いもせず、こうした態度をとりながら、しかも名前が顕れ、自身は安定的な地位が得られるよう望んだとしても、それは汚物を抱きながらよい香りを求め、水に入りながら濡れることを嫌がるようなもので、どだい無理である。(孟夏紀　勧学)

先王の教えは、孝より栄なるは莫く、忠より顕なるは莫し。忠孝は、人君人親の甚だ欲するところなり。顕栄は、人子人臣の甚だ願うところなり。然れども、人君人親その欲するところを得ず、人子人臣その願うところを得ざるは、此れ理義を知らざるより生ず。理義を知らざるは、学ばざるより生ず。学ぶ者、師達して材有らば、吾れ未だその聖人たらざるを知らざるなり。聖人の在るところ、則ち天下理まる。右に在れば則ち右重く、左に在れば則ち左重し。是の故に古の聖王は未だ師を尊ばざる者有らざるなり。師を尊びては、則ちその貴賤貧富を論ぜざるなり。此くの若くすれば則ち名号顕れ、徳行彰わる。故に師の教えたるや、軽重尊卑貧富を争わずして、道を争う。その人苟くも可ならば、その事可ならざるなく、求むるところ尽く得、欲するところ尽く成る。此れ聖人を得るより生ず。聖人は学に疾くより生ず。学に疾かずして、よく魁士名人たるもの、未だ之れ嘗て有らざるなり。学に疾くは師を尊ぶに在り。師尊ければ則ち言信ぜられ、道論ぜらる。故に往きて教うる者は化せず、師を召す者は化せられず。自ら卑しむ者は聴かれず、師を卑しむ者は聴かず。師は不化不聴の術を操りて以て彊いて之を教え、道の行われ身の尊きを欲するも、亦た遠からずや。学ぶ者不化不聴の勢いに処りて、以て自ら之を行い、名の顕れ身の安きを欲するは、是れ腐を懐いて香を欲するなり。是れ水に入りて濡るるを悪むなり。

先王之教、莫栄於孝、莫顕於忠。忠孝、人君人親之所甚欲也。顕栄、人子人臣之所甚願也。然而人君人親不得其所欲、人子人臣不得其所願、此生於不知理義。不知理義、生於不学。学者師達而有材、吾未知其不為聖人。聖人之所在、則天下理焉。在右則右重、在左則左重。是故古之聖王未有不尊師者也。尊師則不論其貴賤貧富矣。若此則名号顕矣、徳行彰矣。故師之教也、不争軽重尊卑貧富、而争於道。其人苟可、其事無不可、所求尽得、所欲尽成。此生於得聖人。聖人生於疾学。不疾学而能為魁士名人者、未之嘗有也。疾学在於尊師。師尊則言信矣、道論矣。故往教者不化、召師者不化。自卑者不聴、卑師者不聴。師操不化不聴之術而以彊教之、欲道之行、身之尊也、不亦遠乎。学者処不化不聴之勢、而以自行之、欲名之顕、身之安也、是懐腐而欲香也。是入水而悪濡也。

◉理義——道理、ものの筋目（すじめ）。◉達す——通達していること。◉学に疾く——学問に赴（おもむ）く、学問すること。◉魁士——偉大な人物。

四八　師のつとめ

およそ教説するというのは、説（と）いてよく導くことであって、相手の歓心を得（う）ることではない。近ごろの教説する者は、善導することを忘れて、歓心を得（え）ようとばかりする。いったい善導することを忘れて、歓心を得ようとするのは、溺（おぼ）れる者を救おうとしてかえって石の錘（おも）りをつけるようなものである。病人を助けようとしてかえって毒薬を飲ませるようなものである。世の中をますます乱れさせ、愚（おろ）かな君主をさらに迷わせるのは、ここから生じるのである。だから師たる者のつとめは、道理をとおし正義を主張することにある。道理がとおり正義が行われれば、師は尊敬され、王公貴人もけっして驕（おご）りたかぶりはしない。上は天子に至るまで、師に礼をつくして恥じるところがない。いったい偶然に人に出会うことはあるが、その出会いが必ず気持ちを和合するものになるとは保証できない。それなのに道理を棄（す）てて保証も当てにもできない君主との信頼関係に望みをかけ、かつ人々に尊敬されたいと願うのは、何とも難しいことである。だから師は必ず道理を通し正義を主張し、それによって尊敬されることを求めるのである。（孟夏紀　勧学）

凡そ説くとは、之を兌するなり、之を説ばせるに非ざるなり。今の世の説く者、多く兌することと能わずして、反って之を説ばす。夫れ兌すること能わずして反って説ばすは、是れ溺るるを拯いて之に硾するに石を以てするなり。是れ病を救いて之に飲ましむるに菫を以てするなり。世をして益々乱れしめ、不肖主をして重ねて惑わしむる者は、此れより生ず。故に師たるのつとめは、理に勝つに在り、義を行うに在り。理勝ち義立てば則ち位尊く、王公大人敢て驕らざるなり。上は天子に至るまで、之に朝して慙じず。凡そ遇は合なるも、合は必すべからず。理を遺て義を釈て以て必すべからざるを要め、而も人の之を尊ぶを欲するは、亦た難からずや。故に師は必ず理に勝ち義を行い然る後に尊きなり。

凡説者、兌之也、非説之也。今世之説者、多弗能兌、而反説之。夫弗能兌而反説、是拯溺而硾之以石也。是救病而飲之以菫也。使世益乱、不肖主重惑者、従此生矣。故為師之務、在於勝理、在於行義。理勝義立則位尊矣、王公大人弗敢驕也。上至於天子、朝之而不慙。

凡遇合也、合不可必。遺理釈義以要不可必、而欲人之尊之也、不亦難乎。故師必勝理行義然後尊。

◉説く――説教すること。◉兌す――よい方向へ導くこと。善導する。◉説く者――教説者。具体的には遊説(ゆうぜい)者のこと。◉之を説す――説は悦(えつ)に同じく、よろこばす、の意。◉拯う――救うこと。◉菫――とりかぶと。毒草。◉朝――礼敬すること。◉遇――偶然に出会うこと。◉合――出会って互いに心が和合すること。

四九　師は智をつくして教える

曾子(そうし)がいった。「君子(くんし)が道を行くとき、その態度から彼に父親のいることがわかり、よい師についていることがわかる。いったい父親も師もないものは、だれに教えをうけたらよいのだろうか」。これは師に仕(つか)えることは父に仕えるのと同じことであるのをいうのである。曾点(そうてん)は曾参を使いに出した。約束の時が来ても帰らない。人々は曾点に会うといった。「ご心配でしょう」。曾点はいった。「息子は危難に遭(あ)っているのだろうが、父であるわたしが生きているかぎり、どうして危難の中で死んだりしよう」。孔子(こうし)は匡(きょう)の地で災難にあった。顔淵(がんえん)がおくれてきた。孔子が「わたしはお前は死んだと思ったよ」というと、「先生がおられるのに、このわたくしがどうして死んだりしましょうか」と顔淵は答えた。顔淵と孔子との間がらは、ちょうど曾参が父に仕えるもののようである。古の賢人が師を尊敬することはこのようであった。だから師も智識のかぎり道理をつくして教え導くのである。（孟夏紀　勧学）

曾子曰わく、「君子、道路を行くに、その父あること知るべきなり、その師あること知るべきなり。夫れ父なくして師なきものは、余は夫を若何せんや」。此れ師に事うるの猶お父に事うるがごときを言うなり。曾点、曾参を使いし、期を過ぐるも至らず。人皆曾点を見て曰わく、「乃ち畏るることなからんか」。曾点曰わく、「彼れ畏るるといえども、我れ存す。夫れ安んぞ敢て畏れんや」。孔子匡に畏る。顔淵後る。孔子曰わく、「吾れ汝を以て死せりと為えり」。顔淵曰わく、「子在せば、回何ぞ敢て死せん」。顔回の孔子に於けるや、猶お曾参の父に事うるがごとし。古の賢者のその師を尊ぶこと此くの若し。故に師も智を尽くし道を竭して以て教うるなり。

曾子曰、君子行於道路、其有父者可知也、其有師者可知也。夫無父而無師者、余若夫何哉。此言事師之猶事父也。曾点使曾参、過期而不至。人皆見曾点曰、無乃畏邪。曾点曰、彼雖畏、我存。夫安敢畏。孔子畏於匡、顔淵後。孔子曰、吾以汝為死矣。顔淵曰、子在、回何敢死。顔回之於孔子也、猶曾参之事父也。古之賢者、其尊師若此。故師尽智竭道以教。

◉曾子――曾参のこと。曾点の子。字は子輿。親孝行で有名。◉曾点――孔子の弟子。曾参の父。字は晳。◉匡に畏る――このことは、『論語』「先進篇」に見える。孔子が五十七歳のときのこと。◉顔淵――孔子の愛弟子。回は名。三十二歳で没したといわれる。

五〇　聖人たちの師

神農は悉諸を師とし、黄帝は大撓を師とし、顓頊は伯夷父を師とし、帝嚳は伯招を師とし、堯は子州支父を師とし、舜は許由を師とし、禹は大成贄を師とし、湯は小臣、乃ち伊尹を師とし、文王・武王は太公望呂尚と周公旦を師とし、斉の桓公は管仲を師とし、晋の文公は咎犯・随会を師とし、秦の穆公は百里奚・公孫枝を師とし、楚の荘王は孫叔敖・沈尹巫を師とし、呉王闔閭は伍子胥・文之儀を師とし、越王句践は范蠡・大夫種を師とした。この十人の聖人、六人の賢者いずれも師を尊敬しない者はなかった。ところがいまや地位としては帝王にも至らず、知識の分野では聖人ともいわれないのに、人々は師について学ぼうとしない。どうしてそれで道理を体得できようか。これが五帝の道のとだえ、夏殷周三代の治世の滅びて復興しない理由である。（孟夏紀　尊師）

神農は悉諸を師とし、黄帝は大撓を師とし、帝顓頊は伯夷父を師とし、帝嚳は伯招を師とし、帝尭は子州支父を師とし、帝舜は許由を師とし、禹は大成贄を師とし、湯は小臣を師とし、文王・武王は呂望・周公旦を師とし、斉の桓公は管夷吾を師とし、晋の文公は咎犯・随会を師とし、秦の穆公は百里奚・公孫枝を師とし、楚の荘王は孫叔敖・沈尹巫を師とし、呉王闔閭は伍子胥・文之儀を師とし、越王句践は范蠡・大夫種を師とす。此の十聖六賢なるもの、未だ師を尊ばざる者あらざるなり。今尊は帝に至らず、智は聖に至らずして、師を尊ぶことなからんと欲す。奚に由りてか至らんや。此れ五帝の絶えし所以、三代の滅びし所以なり。

神農師悉諸、黄帝師大撓、帝顓頊師伯夷父、帝嚳師伯招、帝尭師子州支父、帝舜師許由、禹師大成贄、湯師小臣、文王・武王師呂望・周公旦、斉桓公師管夷吾、晋文公師咎犯・随会、秦穆公師百里奚・公孫枝、楚荘王師孫叔敖・沈尹巫、呉王闔閭師伍子胥・文之儀、越王句賤師范蠡・大夫種。此十聖六賢者、未有不尊師者也。今尊不至於帝、智不至於聖、而欲無尊師。奚由至哉。此五帝之所以絶、三代之所以滅。

◉悉諸――「勿躬篇」では甲子とつくる。◉大撓――『韓詩外伝』では大塡とつくる。精しいことは不明。◉伯夷父――『漢書』では伯夷亮父とつくる。おそらく伯夷が氏、亮が名、父は男子の美称。◉伯招――不明。◉子州支父――「貴生篇」では子州友父につくる。◉許由――「当染篇」に前出。◉大成贄――不明。◉小臣――伊尹のこと。◉咎犯――「当染篇」に前出。◉随会――『左氏伝』は士会につくる。また、范会ともいう。◉百里奚――春秋、秦の人。字は井伯。秦の穆公はかれの賢を聞き、用いて相とし、七年にして覇者となる。◉公孫枝――春秋、秦の人。字は子桑。人を見る目が確かだったという。◉孫叔敖・沈尹巫――いずれも「当染篇」に前出。◉伍子胥・文之儀――いずれも「当染篇」に前出。◉范蠡・大夫種――いずれも「当染篇」に前出。

五一　善く学ぶとは何か

いったい天は人間を生んだとき、耳にはものを聴き分ける能力を与えた。しかし学び鍛えなければその聴く力は、聾者にも及ばない。目にはものを見分ける能力を与えた。しかし学び鍛えなければその眼力は盲者にも及ばない。口にはことばを話す能力を与えた。しかし学び鍛えなければその話す力は唖者にも及ばない。心にはものごとを判断する能力を与えた。しかし学び鍛えなければその判断力は狂者にも及ばない。だから学問とは、何かを足し増やすということではなくて、人間のもちまえの天性を遂げさせることである。天が生んだものを保全して傷つけ敗らない、こういうのを善く学ぶというのである。子張は魯の鄙賤の家の出であった。顔涿聚は梁父というところの盗人であった。しかし孔子に学んだ。段干木は、晋の国の仲買人の実力者であった。しかし子夏に学んだ。高何、県子石は、斉の国の乱暴者で村人からつまはじきされていた。しかし墨子に学んだ。索盧参は、東方の国の詐欺師であった。しかし禽滑黎に学んだ。この六人の者はいずれも刑罰をうけ刑死しても不思議ではない人間であった。それなのに刑罰をうけ刑死するどころか、かえって天下の名人顕人となってその天寿を全うし、王公も貴人もこぞってかれらを礼遇した。それはかれらが学問し学問を身につけていたからである。（孟夏紀　尊師）

且つ天の人を生じるや、其の耳をして以て聞くべからしむ。学ばざれば、その聞くこと聾に若かず。その目をして以て見るべからしむ。学ばざれば、その見ること盲に若かず。その口をして以て言うべからしむ。学ばざれば、その言うこと爽に若かず。その心をして以て知るべからしむ。学ばざれば、その知ること狂に若かず。故に凡そ学ぶとは、能く益するに非ざるなり、天性に達らしむるなり。能く天の生ずるところを全うして之を敗る勿き、是れを善く学ぶと謂う。子張は魯の鄙家なり。顔涿聚は梁父の大盗なり。孔子に学べり。段干木は晋国の大駔なり。子夏に学べり。高何・県子石は斉国の暴者にして、郷曲に指ささる。子墨子に学べり。索盧参は東方の鉅狡なり。禽滑黎に学べり。此の六人なる者は、刑戮死辱の人なり。今ただに刑戮死辱を免れしのみに非ずして、此れに由りて天下の名士顕人と為り、以てその寿を終え、王公大人従いて之を礼す。此れ之を学に得たればなり。

且天生人也、而使其耳可以聞。不学、其聞不若聾。使其目可以見。不学、其見不若盲。使其口可以言。不学、其言不若爽。使其心可以知。不学、其知不若狂。故凡学、非能益也、達天性也。能全天之所生而勿敗之、是謂善学。子張、魯之鄙家也。顔涿聚、梁父之大盗也。学於孔子。段干木、晋国之大駔也。学於子夏。高何、県子石、斉国之暴者也、指於郷曲。学於子墨子。索盧参、東方之鉅狡也。学於禽滑黎。此六人者、刑戮死辱之人也。今非徒免於刑戮死辱也、由此為天下名士顕人、以終其寿、王公大人従而礼之。此得之於学也。

◉爽——啞。◉子張——春秋、陳の人。孔子の弟子。顓孫師の字。◉顔涿聚——春秋、衛の人。顔濁鄒ともつくる。斉の忠臣という。賢人。◉段干木——戦国、魏の人。子夏に学ぶ。魏の文公から客礼を以て遇された。◉駔——儈人、仲買人のこと。◉高何——墨子の弟子の高石子のことか。◉県子石——墨子の弟子。◉索盧参——不明。◉鉅狡——詐欺師、かたり。◉禽滑黎——墨子の弟子。墨子の死後二代目の鉅子、墨家集団の長となる。禽滑釐、禽滑斄とも書く。

五二　こんなふうに学べ

いったい学ぶ以上、学業の進歩が第一である。心が迷っていてはいけない。暗記暗誦につとめ、師のごきげんを伺い、時間の余裕がありそうならば、質問しておたずねする。師の顔色や表情を読みとって気持ちに逆らうことはしない。部屋に戻ってよくよく考え、意味するところを求める。時に仲間と議論し合い道理を論じ合う。口先だけの弁舌ではなく、発言はしっかりした根拠をもたねばならない。議論に勝っても自

慢せず、敗れても落ち込んだりせず、いつも学問の大本に立ちかえること。（孟夏紀尊師）

凡そ学は、必ず業を進むるを務む。心則ち営うことなし。諷誦を疾めて、司聞を謹み、驩愉を観て、書意を問う。耳目に順って、志に逆らわず。退いて思慮し、謂うところを求む。時に弁説して、以て道を論ずるも、苟くも弁ぜずして、必ず法に中る。之を得るも矜るなく、之を失うも慙ずるなく、必ずその本に反る。

凡学、必務進業。心則無営。疾諷誦、謹司聞、観驩愉、問書意。順耳目、不逆志。退思慮、求所謂。時弁説、以論道、不苟弁、必中法。得之無矜、失之無慙、必反其本。

◉営う――迷い惑うこと。　◉諷誦――詩文などを暗誦すること。　◉司聞――司は伺、聞は問で、伺候してごきげんをうかがうこと。　◉驩愉――よろこび楽しむさま。

五三　弟子のつとめ

師が存命中は生活のお世話をする。お世話をする道は、気持ちを楽しませることを第一とする。亡くなられたならば、敬しんで供養をする。供養の方法は、四時の祭りを絶やさぬこと。これが師を尊ぶ道である。堤や畠を見まわり、灌漑水に気をくばり、果樹の面倒をみる。わらじをつくり、蓆を織り、田仕事に行き、耕耘につとめ、五穀を見守る。山の木を切り出し、川沢に利をもとめ、魚を捕り、鳥や獣を追う。これが師を尊ぶ具体的方法である。馬車をととのえ、運転は慎重に、衣服は季節に適うよう暑い寒いに心をかける。飲食にはとりわけ清潔さが肝要。ほどよく和えて、うまい肉を用意する。態度はきりっと恭しくし、顔つきは穏やかで、ことばはていねい、立ち居振る舞いは素早く、しかもきちんと。これが師を尊ぶあり方である。（孟夏紀　尊師）

生きては則ち養を謹む。養を謹むの道は、心を養うを貴と為す。死すれば則ち祭を敬す。祭を敬するの術は、時節を務めと為す。此れ師を尊ぶ所以なり。唐圃を治め、灌寖に疾め、種樹に務む。葩屨を織り、罝網を結び、蒲葦を捆つ。田野に之き、耕耘に力め、五穀を事にす。山林に如き、川沢に入り、魚鼈を取り、鳥獣を求む。此れ師を尊ぶ所以なり。輿馬を視、駕御を慎む。衣服を適にし、軽煗に務め、飲食に臨みては、必ず蠲絜にす。調和を善くし、甘肥に務め、必ず恭敬にして、顔色を和らげ、辞令を審らかにす。趨翔に疾め、必ず厳粛にす。此れ師を尊ぶ所以なり。

生則謹養。謹養之道、養心為貴。死則敬祭。敬祭之術、時節為務。此所以尊師也。治唐圃、疾灌寖、務種樹。織葩屨、結罝網、捆蒲葦。之田野、力耕耘、事五穀。如山林、入川沢、取魚鼈、求鳥獣。此所以尊師也。視輿馬、慎駕御。適衣服、務軽煖。臨飲食、必蠲絜。善調和、務甘肥、必恭敬、和顔色、審辞令。疾趨翔、必厳粛。此所以尊師也。

◉生きては——師の存命中をいう。◉唐圃——堤と畠。◉灌寖——灌漑と同じ。水やり。◉葩屨——ぞうりやわらじの類。◉蒲葦——むしろのこと。◉蠲絜にす——蠲も絜も潔の意。清潔。◉甘肥——うまく肥えた肉。◉趨翔——立ち居振る舞い、起居動作のこと。

▼この時代の学者は、地域に落ち着いて土地も所有していた。だから弟子たちの重要な仕事の一部として農作業があった。漢の大儒である董仲舒は、自分の勉強にかまけて「三年園を窺わず」というが、弟子たちが菜園の管理をしていたのだから、それでよかったのである。またこの時代の師弟のあり方を述べたものに『管子』「弟子職篇」がある。

五四　教えることと学ぶこと

君子の学問というものは、ある学派の学問を祖述する際には必ず師の名を挙げたたえて道理を明らかにし、学派の発展のために必ず力をつくして伝統をより立派にする。学派の発展に力をつくさない者を師に背く者といい、学派の学問を祖述しながら師の名を挙げたたえない者を道に叛く者という。こうした背叛の人を、賢い君主は朝廷に役人として受け容れず、君子は交友をともにしない。だから教育というものは、道義を実践する際の要であり、学問するということは知性を磨きあげる要なのである。道義を実践する際の要とは、人に利益を与えることで、人に利益を与えることは教育を与える以上のものはない。知性を磨きあげる要は、自己の完成化であるが、自己の完成化は学問による以外にない。学問して人間ができあがれば人の子として命令されなくても親孝行であり、人の臣下となっては命令されなくても忠である。君主となれば力を用いなくても世の中は治まり、大きな権力をもてば天下を平治することも可能となる。かつて子貢は孔子にたずねていった。「後世の人は何といって先生を誉めたたえるでしょうか」。孔子は答えた。「わたしがどうして称讃にあたいしようか。どうしてもということであれば、『学問を好んで飽きることがなく、人を教えて怠らない』。そういってもらって宜しかろう」。天子は大学に行き、古の聖人たちを祭ると、あわせて以前師として仰いだ人々を年齢の順に招待し接待する。こうすることによって天子が学問に敬意を表し、師を尊んでいることを世に示すのである。（孟夏紀尊師）

君子の学や、義を説きては必ず師を称して以て道を論じ、聴従するに必ず力を尽して以て光明にす。聴従するに力を尽さず、之を命づけて背と曰う。義を説きて師を称せざる、之を命づけて叛と曰う。背叛の人は、賢主之を朝に内れず、君子与に交友せず。故に教えなるものは、義の大なるものなり。学なるものは、知の盛んなるものなり。義の大なるものは、人を利するより大なるはなく、人を利するは教えより大なるはなし。知の盛んなるものは、身を成すより大なるはなく、身を成すは学ぶより大なるはなし。身成らば則ち人の子と為りて使せずして孝なり。人臣と為りて令せずして忠なり。人君と為りて彊いずして平らかなり。大勢あらば以て天下の正と為すべし。故に子貢、孔子に問いて曰わく、「後世まさに何を以て夫子を称せんか」。孔子曰わく、「吾れ何を以て称するに足らんや。已む勿くんば、則ち学を好みて厭かず、教えを好みて倦まず。それ惟だ此れか」。天子太学に入りて先聖を祭れば、則ち嘗て師為りし者を歯して臣とせず。学を敬うと師を尊ぶとを見す所以なり。

君子之学也、説義必称師以論道、聴従必尽力以光明。聴従不尽力、命之曰背。説義不称師、命之曰叛。背叛之人、賢主弗内之於朝、君子不与交友。故教也者、義之大者也。学也者、知之盛者也。義之大者、莫大於利人、利人莫大於教。知之盛者、莫大於成身、成身莫大於学。身成則為人子弗使而孝矣。為人臣弗令而忠矣。為人君弗彊而平矣。有大勢可以為天下正矣。故子貢問孔子曰、後世将何以称夫子。孔子曰、吾何足以称哉。勿已者、則好学而不厭、好教而不倦。其惟此邪。天子入太学、祭先聖、則歯嘗為師者弗臣。所以見敬学与尊師也。

◉義——ここでは学派や家に伝わる家学・家法をさす。　◉聴従す——家学を継承する、の意。　◉光明——発展させる、大きくする、の意。　◉身を成す——自己の完成化。学問を通じて君子となること。　◉使す——命令する。　◉歯す——年齢順に並べること。

▼子貢（しこう）と孔子（こうし）との会話は、このままでは現在の『論語（ろんご）』にはない。近似したものは、『論語』「述而篇（じゅつじ）」および『孟子（もうし）』「公孫丑（こうそんちゅう）上篇」にある。

五五　教育法　その一

秀れた教師の教育は、弟子たちに安心して学問させ、気分も解放させ、時に休息を与え、遊びもまじえ、態度はきちんとして、仕事はまじめにさせる。この六つのことを通じて学んだならば、邪悪な心が芽ばえることはなく、道理がつねに勝つ。この六つのことを学んで身につけることができなければ、君主は臣下を使いきれず、父は子を使いきれず、師は弟子を使いきれない。人の情として気持ちが落ち着かないところで楽しむことはできず、楽しめないところから何も得ることはできない。仕事が楽しいならば何もいちいち賢者をあてにする必要はない。楽しければ不肖者でも何とかそれをこなすだろうから。仕事が苦しいならば、何もいちいち不肖者の怠けぶりをいう必要はない。たとえ賢者でもそう長持ちはしないのだから。こうしてふりかえって人情に合するか否かを考えてみれば、勧学の道も理解できるのである。子華子はいう、「王者は王たるべき道理を楽しみ、亡者もやはり亡びゆくべき乱暴狼藉を楽しむ。獣を料理したからといってその味がわかるわけではなく、そのものの脯を食べて始めて真の味がわかる」と。つまり王者は道理の実践に興味があり、亡者は乱暴狼藉に嗜好があったのである。嗜好が違うから、そこから生じた禍福もまた異なるのである。（孟夏紀　誣徒）

達師の教うるや、弟子をして安んじ、楽しみ、休い、游び、粛しみ、厳かならしむ。此の六者を学に得れば、則ち邪辟の道塞がり、理義の術勝つ。此の六者を学に得ざれば、則ち君、臣を令すること能わず、父、子を令すること能わず、師、徒を令すること能わず。人の情、その安んぜざるところに楽しむこと能わず、その楽しまざるところに得ること能わず。之を為して楽しければ、奚くんぞ賢者を待たん。不肖者と雖も猶お若く之を勧めん。之を為して苦しければ、奚くんぞ不肖者を待たん。賢者と雖も猶お久しくすること能わざるなり。諸を人情に反さば、則ち学を勧むる所以を得ん。子華子曰わく、「王者はその王たる所以を楽しみ、亡者も亦た亡ぶる所以を楽しむ。故に獣を烹るは以て獣を尽すに足らず、その脯を嗜めば則ち幾し」。然らば則ち王者は理義に嗜めるあるか、亡者も亦た暴慢に嗜めるあるか。嗜むところ同じからざるが故にその禍福も亦た同じからず。

達師之教也、使弟子安焉、楽焉、休焉、游焉、粛焉、厳焉。此六者得於学、則邪辟之道塞矣、理義之術勝矣。此六者不得於学、則君不能令於臣、父不能令於子、師不能令於徒。人之情、不能楽其所不安、不能得於其所不楽。為之而楽矣、奚待賢者。雖不肖者猶若勧之。為之而苦矣、奚待不肖者。雖賢者猶不能久。反諸人情、則得所以勧学矣。子華子曰、王者楽其所以王、亡者亦楽其所以亡。故烹獣不足以尽獣、嗜其脯則幾矣。然則王者有嗜乎理義也、亡者亦有嗜乎暴慢也。所嗜不同、故其禍福亦不同。

◉達師――通達した先生。秀れた師。◉子華子曰わく――このことばは『子華子』「執中篇」に見える。◉脯――ほじし、乾肉のこと。

五六　教育法　その二

下手な教師は気持ちがむらで落ち着かず、取捨も一定せず、安定した心がなくて、ちょうど天候の晴雨、人の喜怒のように変化する。いうことも日ごとに変わり、自分勝手に行動し、間違いが自分にあってもその非を認めず、間違っていても押し通して、人の忠告で改めようとしない。相手が権力をもち枢要な地位に居、また金持ちの子弟であったりすると、才能も考えず、行状もしらべず、出かけていって教え、おもねりへつらい、そのうえなお至らぬところがあったのではないかと心配する。反対に弟子の中で身持ちも清潔で、姿かたちも衆を超え、見識も通達して高く、学問にも敏捷で、学業がまもなくまとまりをもとうとする者に対しては、かえって邪魔をして抑えつけ、難くせをつけて放置し、嫉妬し憎悪する。弟子が離れ去ろうとすると終わりを全うせよといい、留まると意地悪をして落ち着かなくさせる。中途で止めて逃げ帰れば、恥を父母兄弟に残し、退学すれば友人や郷里の者に恥ずかしい。これは弟子として悲しむべきことであるが、すべて先生と弟子との心がばらばらになったことに原因がある。人情として、自分と違った者は憎み合う。これが先生と弟子と互いに憎み合う原因である。人情として、怨み心をもつ者と親しくすることはできないし、憎んでいる者を誉めることもできない。学問に挫折し、研究が放棄されるのは、こういうことからである。秀れた教師はこうはせずに、弟子を見るのに自分を見るようにする。自分にふりかえって教えるから、人を教えることに情理を尽すことができる。人に教え施そうとする者は、必ず自分にも行ってみることである。このようにするとき先生も弟子も一体となる。人情として、自分と同じ者は愛し、同じ者は誉め、同じ者は助ける。学問が顕彰され、学術が流行するのは、こういうところからである。（孟夏紀　誣徒）

教うること能わざる者は、志気和せず、取舎数しば変じ、固より恒心なくして、晏陰の若く喜怒処なし。言談日に易り、以て恣に自ら行い、之を失すること己れに在るも、肯て自ら非とせず、愎過自用して、証めにて移すべからず。権を見、勢に親しみ、富厚ある者に及びては、その材を論ぜず、その行いを察せずして、敺りて之を教え、阿りて之に諂り、及ばざるあるを恐るるが若くす。弟子居処修潔に、身状倫より出で、聞識疏達し、学に就くこと敏疾に、本業幾んど終わらんとする者は、則ち従いて之を抑え、難じて之を懸て、妬して之を悪む。弟子去らんとすれば終わらんことを冀み、居れば則ち安んぜず。帰らば則ち父母兄弟に愧じ、出づれば則ち知友邑里に慙ず。此れ学ぶ者の悲しむところなり。此れ師徒相い与に心を異にすればなり。人の情、己れに異なる者を悪む。此れ師徒相い与に怨尤を造すなり。人の情、その怨むところを親しむ能わず、その悪むところを誉むる能わず。学業の敗るるや、道術の廃るるや、此れより生ず。善く教える者は然らず。徒を視ること己れの如く、己れに反って以て教うれば、則ち教えの情を得るなり。人に加うるところ、必ず己れに行うべし。此くの若くすれば則ち師徒同体なり。人の情、己れに同じき者を愛し、己れに同じき者を誉め、己れに同じき者を助く。学業の章明なるや、道術のおおいに行わるるや、此れより生ず。

不能教者、志気不和、取舎数変、固無恒心、若晏陰喜怒無処。言談日易、以恣自行、失之在己、不肯自非、愎過自用、不可証移。見権親勢、及有富厚者、不論其材、不察其行、敺而教之、阿而諂之、若恐弗及。弟子居処修潔、身状出倫、聞識疏達、就学敏疾、本業幾終者、則従而抑之、難而懸之、妬而悪之。弟子去則冀終、居則不安。帰則愧於父母兄弟、出則慚於知友邑里。此学者之所悲也。此師徒相与異心也。人之情、悪異於己者。此師徒相与造怨尤也。人之情、不能親其所怨、不能誉其所悪。学業之敗也、道術之廃也、従此生矣。善教者不然。視徒如己、反己以教、則得教之情也。所加於人、必可行於己。若此則師徒同体。人之情、愛同於己者、誉同於己者、助同於己者。学業之章明也、道術之大行也、従此生矣。

◉恒心——安定した気持ち。　◉晏陰——晴雨、晴れたり曇ったり、の意。　◉易る——変わると同じ。　◉愎過——もとりあやまって、人に従わぬこと。　◉証め——諫(いさ)め、忠告のこと。　◉敺る——駆ると同じ。強いて、の意。　◉聞識——見識。　◉疏達す——通達。

五七　教育法　その三

駄目(だめ)な弟子は先生について学ぶことを嫌(いや)がりながら、学問は完成することを望み、先生について学ぶ日は短いのに、学問は精深(せいしん)でありたいと願う。草木や雞狗(けいく)、牛馬でも、馬鹿にし、いじめて扱ってはいけない。馬鹿にし、いじめて扱えば、相手もやはり同じようにこちらに報(むく)いる。まして通達した先生の教えや学問の真理を軽蔑してはいけない。このように駄目な弟子というものは、先生に対しては誠実でなく、学問に心がけることも専一でなく、学問愛好の度合いも浅く、勉強の仕方も不熱心で、弁論すれば是非を明確にできず、人から教えられても正確にできない。そのくせ先生が悪いと恨み心を抱き、時の風俗にどっぷりつかって、心は世事にかまけている。権力を誇り、是非をあげつらい、巧詐に長け、小利に目くらみ、欲望に惑溺する。事をたずねるとその答えは首尾一貫せず、文章をつくれば内容が乱雑で統一せず、簡単なことでもつじつまが合わない。ひとたび分離すれば接合することができず、接合すれば分離することができない。いったん事件が起これば、十分に対処することもできない。これらが駄目な弟子の欠点である。（孟夏紀　誣徒）

学ぶこと能わざる者は、師に従うを苦にして学の功を欲し、師に従うこと浅くして学の深きを欲す。草木雞狗牛馬すらも、譙詬して之を遇すべからず。譙詬して之を遇すれば、則ち亦た譙詬して人に報ゆ。又た況んや達師と道術の言とにおいてをや。故に学ぶこと能わざる者は、師を遇すること則ち中らず、心を用いること則ち専らならず、之を好むこと則ち深からず、業に就くこと則ち疾めず、弁論すれば則ち審らかならず、人に教うこと則ち精ならず。師に慍み、俗に懐んじ、神を世に羈ぐ。勢に矜り尤めを好み、巧智に湛み、小利に昏(くら)み、嗜欲(しよく)に惑(まど)う。事を問わば則ち前後相(あい)悖(もと)り、章を以(もっ)てすれば則ち異心あり、簡を以てすれば則ち相い反するあり、離るれば則ち合(がっ)すること能わず、合すれば則ち離すこと能わず、事至れば則ち受くること能わず。此(こ)れ学ぶこと能わざるものの患(うれい)なり。

不能学者、従師苦而欲学之功也、従師浅而欲学之深也。草木雞狗牛馬、不可譙詬遇之。譙詬遇之、則亦譙詬報人。又況乎達師与道術之言乎。故不能学者、遇師則不中、用心則不専、好之則不深、就業則不疾、弁論則不審、教人則不精。於師慍、懐於俗、羈神於世。矜勢好尤、湛於巧智、昏於小利、惑於嗜欲。問事則前後相悖、以章則有異心、以簡則有相反、離則不能合、合則弗能離、事至則不能受。此不能学者之患也。

◉譙詬す――責めはずかしめる。いじめる。　◉慍む――うらむ。　◉懐んず――やすんずる。

五八　環境の重要さ

西方の未開民族である戎人(じゅうひと)は、戎の地に生まれ育ってそこの言語を話すが、とくにそれをだれから習(なら)ったということはない。南方の未開民族である楚人(そひと)は、楚の国に生まれ育ってその地方の言語を話すが、とくにそれをだれから習ったということはない。いま楚の人間を戎の土地で生長させ、戎の人間を楚の地で生長させたならば、楚人は戎のことば、戎人は楚のことばを話すであろう。こう考えると、わたしにはどうしても亡国の君主は賢主になり得ないとは考えられず、ただ生長する環境こそ悪かったのだと思われる。だから環境には十分配慮しなければならない。(孟夏紀　用衆)

戎人、戎に生まれ、戎に長じて戎言し、その之を受くるところを知らず。楚人、楚に生まれ、楚に長じて楚言し、その之を受くるところを知らず。今楚人をして戎に長ぜしめ、戎人をして楚に長ぜしめば、則ち楚人は戎言し、戎人は楚言せん。是に由りて之を観れば、吾れ未だ亡国の主の以て賢主たるべからざるを知らざるなり、その生長するところのもの不可なるのみ。故に生長するところは察せざるべからざるなり。

戎人生乎戎、長乎戎而戎言、不知其所受之。楚人生乎楚、長乎楚而楚言、不知其所受之。今使楚人長乎戎、戎人長乎楚、則楚人戎言、戎人楚言矣。由是観之、吾未知亡国之主不可以為賢主也、其所生長者不可耳。故所生長不可不察也。

◉戎人――西方未開民族。西のえびす。◉楚人――南方未開民族。春秋戦国期には、揚子江(ようすこう)流域の楚地方の文化は、北方黄河(こうが)流域の中原(ちゅうげん)文化とは異質のものと意識されていた。

五九　大衆こそ君主の宝

天下に純白の狐はいないが、純白の革(かわ)ごろもがあるのは、多くの狐の白い腋(わき)の部分を取り集めてこれをつくるからである。いったい大衆の力を利用したのが、古(いにしえ)の三皇(さんこう)や五帝(ごてい)が大功をたて名声をうちたてた原因である。およそ君主が成功する基礎は、大衆の支持する力にある。だから国家の創業がひとまず安定すると大衆を見捨てるのは、その末(すえ)を手に入れて大本(おおもと)を手ばなすようなものである。その末を手に入れて大本を手ばなすような者が、安定し長久であったためしはない。だから多勢の勇士で立ち向かえば、勇敢な孟賁(もうほん)とておそれる必要はなく、多勢の力を集めて向かえば、力持ちの烏獲(うかく)とておそれる必要はなく、多勢の目でよくものを視(み)れば、あの明目(めいもく)の離婁(りろう)とておそれる必要はない。いったい大衆こそ、君主のおおいなる宝なのである。田駢(でんべん)は斉王(せいおう)にこういった。

「勇敢な孟賁でも兵役は嫌がるが、大勢の者が守っているから辺境の心配はない。楚王(そおう)や魏王(ぎおう)はわが国に不遜(ふそん)な発言を行っているが、わが斉の国内では体制がすでにきちんと整備され、軍隊もすでに準備をととのえおわって楚・魏に備えて居、心配はない。それはすべて大衆の力に負うものである」と。（孟夏紀　用衆）

天下に粋白の狐なくして、粋白の裘あるは、之を衆白に取ればなり。夫れ衆より取るは、此れ三皇、五帝のおおいに功名を立つる所以なり。凡そ君の立つ所以は、衆より出づるなり。立つこと已に定まりてその衆を舎つるは、是れその末を得てその本を失うなり。その末を得てその本を失えば、安居するを聞かざるなり。故に衆勇を以てすれば孟賁を畏るることなく、衆力を以てすれば烏獲を畏るることなく、衆視を以てすれば離婁を畏るることなく、衆知を以てすれば尭舜を畏るることなし。夫れ衆を以てするは、此れ人に君たるものの大宝なり。田駢、斉王に謂いて曰わく、「孟賁術を患うるに庶きも辺境患えず、楚・魏の王辞言不説なるも、境内已に備えを修め、兵士已に用を修めたり。之を衆に得ればなり」。

天下無粋白之狐、而有粋白之裘、取之衆白也。夫取於衆、此三皇、五帝之所以大立功名也。凡君之所以立、出乎衆也。立已定而舎其衆、是得其末而失其本。得其末而失其本、不聞安居。故以衆勇無畏乎孟賁矣、以衆力無畏乎烏獲矣、以衆視無畏乎離婁矣、以衆知無畏乎尭・舜矣。夫以衆者、此君人之大宝也。田駢謂斉王曰、孟賁庶乎患術、而辺境弗患。楚・魏之王、辞言不説、而境内已修備矣、兵士已修用矣。得之衆也。

◉粋白――純白。　◉裘――革ごろも。　◉三皇五帝――種々のいい方があるが、三皇は伏羲・神農・女媧。五帝は黄帝、帝嚳、顓頊、帝尭、帝舜をいう。　◉孟賁――戦国時代の勇者。生きている牛の角を引き抜いたといわれる。　◉烏獲――戦国、秦の武王の臣で、牛と匹敵する大力の持ち主。　◉離婁――古の明目者。百歩離れて秋毫の末、細い毛の尖端まで明らかに見分けたという。　◉田駢――戦国の人。斉の稷下の学士の一人で、道家系の思想家。　◉斉王――田駢の仕えた斉の宣王をさす。　◉患術――患役に同じ。兵役を忌避する、の意。　◉不説――不敬、不遜と同じ。

六〇　音楽の生まれるところ

天下が太平で、万物もそれぞれに落ち着き、万人が君主の教化に従うとき、音楽は生まれる。音楽の創作には条件がある。それは必ず欲望を適度にすることである。感情や欲望に節度があって、はじめて音楽を創作することができる。作曲には決まった方法がある。それは和平な心をもつことであり、和平な心は公正さから生まれ、それは道を根源とする。だから真に道を体得した人だけが、音楽について語ることができる。亡国や刑戮の民でも、音楽がないわけではないが、その音楽はけっして楽しくはない。たとえば溺れる者でも笑えないわけではないし、罪人でも歌えないわけではなく、狂者でも舞えないわけではない。しかしそれはどこかおかしい。乱れた世の音楽はこれと似ている。君臣の秩序が乱れ、親子が仲違いし、夫婦が愛情を失い、民衆が生活に呻吟し苦労するとき、音楽を創作しようとしても、どうしてできようか。（仲夏紀　大楽）

天下太平に、万物安寧にして、皆その上に化して、楽乃ち成るべし。楽を成すに具あり、必ず嗜欲を節す。嗜欲辟ならずして、楽乃ち務むべし。楽を務むるに術あり、必ず平より出づ。平は公より出で、公は道より出づ。故に惟だ得道の人のみ、それ与に楽を言うべし。亡国戮民、楽なきに非ざるなり、その楽楽しからざるなり。溺者も笑わざるに非ざるなり、罪人も歌わざるに非ざるなり、狂者も武わざるに非ざるなり。乱世の楽は、此れに似たるあり。君臣位を失い、父子処を失い、夫婦宜しきを失い、民人呻吟す。その以て楽を為すや、之を若何せん。

天下太平、万物安寧、皆化其上、楽乃可成。成楽有具、必節嗜欲。嗜欲不辟、楽乃可務。務楽有術、必由平出。平出於公、公出於道。故惟得道之人、其可与言楽乎。亡国戮民、非無楽也、其楽不楽。溺者非不笑也、罪人非不歌也、狂者非不武也。乱世之楽、有似於此。君臣失位、父子失処、夫婦失宜、民人呻吟。其以為楽也、若之何哉。

◉具――条件。　◉辟――僻に同じ。邪僻のこと。　◉武う――舞うに同じ。

六一　音楽は自然の調和

いったい音楽は天地自然の生み出したハーモニーであり、陰陽(いんよう)の気(き)の調和である。はじめに人類を生んだものは天であり、人間はその作業に関与することはなかった。天は人間に欲望を与えたので、人間はその満足を追求した。天は人間に罪悪を与えたので、人間は邪悪な心をもたざるを得なかった。このように人間の欲望と罪悪とは天から与えられたもので、それに対して人間は関(かか)わり、変化させ、改易(かいえき)させることはできなかった。音楽もこれと同じく天のつくり出したものなのに、世の学者たちは音楽を無用として排除しようとする。いったいどこにその根拠があるのだろうか。(仲夏紀　大楽)

凡そ楽は、天地の和、陰陽の調なり。始めて人を生ずる者は天なり、人事とするなし。天人をして欲有らしめば、人は求めざるを得ず。天人をして悪有らしめば、人は辟ならざるを得ず。欲と悪とは天より受くるところにして、人は与かるを得ず、変ずべからず、易うべからざるなり。世の学者、楽を非とする者あるは、安くに由りて出づるや。

凡楽、天地之和、陰陽之調也。始生人者天也、人無事焉。天使人有欲、人弗得不求。天使人有悪、人弗得辟。欲与悪所受於天也。人不得与焉、不可変、不可易。世之学者、有非楽者、安由出哉。

◉楽を非とする——墨子学派の非楽の主張をさす。

六二　乱世の音楽は騒々しいだけ

人間は自分の生命を持続させるために生きるのだが、生きる意味をたずねようとはしない。人間は自分の知識を増進するために知ろうとするのだが、なぜ知を求めるのかを知ろうとしない。知ることの意義を心得た者を道理をわきまえた者といい、知ることの意義を理解しない者を宝を棄てる者という。宝を棄てる者は必ず災厄に見舞われる。今日の君主たちは、だいたい宝石や刀剣類を宝と考えている。宝が増えるにつれて、民衆はいよいよ君主を怨み憎み、国家はいよいよ危険な状況に追い込まれ、君主の身もいよいよ不安定になる。これはすべて宝とすべきものを間違えたことによる。乱世の音楽もこれと同様である。木製や革製の楽器の打ちならす音は雷鳴のようであり、金石楽器の打ちならす音は雷電のようであり、弦楽器や舞踏の音はただうるさく騒がしいだけ。こうした騒音を用いて気持ちを動かし、目や耳をかきまわし、生活を揺さぶり刺激するのが目的だというのなら、それはそれで結構だが、これが音楽だというのなら、それはいっこうに人を楽しませないものである。だから音楽が放縦になればなるほど、民衆はいよいよ怨み、国家はいよいよ混乱し、君主の地位はいよいよ低下する。これもすべてまことの音楽を理解しないことに起因する。(仲夏紀侈楽)

　人その生を以て生きざるは莫きも、その生くる所以を知らず。人その知を以て知らざる莫きも、その知る所以を知らず。その知る所以を知る、之を道を知ると謂い、その知る所以を知らざる、之を宝を棄つと謂う。宝を棄つる者は必ずその咎めに離る。世の人主、多く珠玉戈剣を以て宝と為す。愈いよ多くして民愈いよ怨み、国愈いよ危うく、身愈いよ累らう。則ち宝の情を失えばなり。乱世の楽も此れと同じなり。木革の声を為せば則ち雷の若く、金石の声を為せば則ち霆の若く、糸竹歌舞の声を為せば則ち譟の若し。此れを以て心気を駭かせ、耳目を動かし、生を揺蕩するとせば則ち可なり。此れを以て楽と為せば則ち楽しからず。故に楽愈いよ侈にして、民愈いよ鬱み、国愈いよ乱れ、主愈いよ卑し。則ち亦た楽の情を失えばなり。

人莫不以其生生、而不知其所以生。人莫不以其知知、而不知其所以知。知其所以知之謂知道、不知其所以知之謂棄宝。棄宝者必離其咎。世之人主、多以珠玉戈剣為宝。愈多而民愈怨、国愈危、身愈累。則失宝之情矣。乱世之楽与此同。為木革之声則若雷、為金石之声則若霆、為糸竹歌舞之声則若譟。以此駭心気、動耳目、揺蕩生則可矣。以此為楽則不楽。故楽愈侈、民愈鬱、国愈乱、主愈卑。則亦失楽之情矣。

◉離る——かかる、見舞われる。◉木革——木製、革製の楽器。◉霆——いかずち。また雷鳴の長くとどろくものをいう。◉譟——騒に同じ。さわがしいこと。◉鬱む——怨むこと。

▼古代人の音楽に対する感受性は、騒音でいっぱいの今日とはずいぶん異なって、秀(すぐ)れたものがあったと思われる。時に敏感過ぎるが故(ゆえ)に、新しい時代の音楽も騒音としてしか受けとめられなかったのかもしれない。

六三　亡国の音楽

いったい古(いにしえ)の聖王が音楽を重視したのは、音楽が人の心を楽しませるからである。夏(か)の桀王(けつおう)や殷(いん)の紂王(ちゅうおう)は、大がかりな音楽をつくり、打楽器や管弦の楽器の数を増やし、大きいことを美とし、数の多さを壮観とし、奇異で目新しく、耳がまだ聞いたことのないもの、目がまだ見たことのないものをひたすら追求して、音楽の決まりは無視した。宋(そう)国の末期には千鐘(せんしょう)の楽がつくられ、斉(せい)国の衰亡期には巨大な鐘、大呂(たいりょ)がつくられ、楚(そ)国の滅亡期には女巫(じょふ)の呪いの音楽、巫音(ふいん)がつくられた。これらの音楽は、規模が大きいことはたしかに大きいが、音楽をよくわきまえた者から見れば、音楽の本質を見失った者であった。音楽の本質を喪失したものは、音楽として人を楽しませることがない。音楽が人を楽しませなくなれば、そこの民衆は支配者を怨(うら)むようになり、また人間の本性も傷つくのである。いったい人間の本性と音楽との関係は、氷と太陽の熱のようなもので、気をつけないと自分から災害を招いてしまうのである。それは音楽の本質をわきまえないで、楽器の数を増やし規模を大きくさえすればよいとする誤解にそもそも起因するのである。（仲夏紀　侈楽）

凡そ古の聖王の楽を貴しと為すところは、その楽しきが為なり。夏桀・殷紂は侈楽を作為し、鼓鐘磬管簫の音を大にし、鉅を以て美と為し、衆を以て観と為し、俶詭殊瑰、耳の未だ嘗て聞かざるところ、目の未だ嘗て見ざるところ、務めて以て相い過ぎ、度量を用いず。宋の衰うるや千鐘を作為し、斉の衰うるや大呂を作為し、楚の衰うるや巫音を作為す。侈なることは則ち侈なるも、有道者より之を観れば、則ち楽の情を失せり。楽の情を失えば、その楽楽しからず。楽楽しからざるものは、その民必ず怨み、その生必ず傷なわる。それ生の楽に与けるは、氷の炎日に於けるが若く、反って以て自ら兵いす。此れ楽の情を知らずして侈を以て務めと為すが故に生じたるなり。

凡古聖王之所為貴楽者、為其楽也。夏桀・殷紂作為侈楽、大鼓鐘磬管簫之音、以鉅為美、以衆為観、俶詭殊瑰、耳所未嘗聞、目所未嘗見、務以相過、不用度量。宋之衰也、作為千鐘、斉之衰也、作為大呂、楚之衰也、作為巫音。侈則侈矣、自有道者観之、則失楽之情。失楽之情、其楽不楽。楽不楽者、其民必怨、其生必傷。其生之与楽也、若氷之於炎日、反以自兵。此生乎不知楽之情、而以侈為務故也。

◉侈楽——楽器の数や種類、また楽団員の数を増やした規模の大きな音楽。◉鉅——大と同じ。◉観——壮観、美観のこと。◉俶詭殊瑰——奇異で珍しいこと。◉度量——音楽の法則。決まり。◉兵いす——災いと同じ。

六四　音楽は心のゆとり

耳のはたらきは音声を聞くことにあるが、心が楽しまず閉ざされているときには、宮・商・角・徴・羽の五音が目前で演奏されても耳に入らない。目のはたらきは色彩を見分けることにあるが、心が楽しまず閉ざされているときには、青・赤・黄・白・黒の五色が目前にあっても目に入らない。鼻のはたらきは香りを嗅ぎわけることにあるが、心が楽しまず閉ざされているときには、いろいろな匂いや香りが目前にあっても何も感じとらない。口のはたらきは美味を食するにあるが、心が楽しまず閉ざされているときには、甘・酸・辛・苦・鹹の五味が目前に並べられていても食べない。聞こうとし、見ようとし、嗅ごうとし、味わおうとするのは耳・目・鼻・口の本能であるが、楽しむとか楽しまないというのは心の問題である。心が必ず穏やかであってはじめて楽しむ気持ちが生まれ、心が楽しい状態にあってはじめて見たいとか聞きたいといった耳・目・鼻・口の欲望も生まれてくる。だから音楽のつとめは、人の心を和やかにすることにあり、人の心を和やかにするのは、何事もほどよく行うところにある。（仲夏紀　適音）

耳の情は声を欲するも、心楽しまざれば、五音前に在るも聴かず。目の情は色を欲するも、心楽しまざれば、五色前に在るも視ず。鼻の情は芬香を欲するも、心楽しまざれば、芬香前に在るも嗅がず。口の情は滋味を欲するも、心楽しまざれば、五味前に在るも食わず。之を欲するものは、耳目鼻口なり。之を楽しみ楽しまざるものは、心なり。心必ず和平にして然る後に楽しみ、心必ず楽しみて然る後に耳目鼻口以て之を欲するあり。故に楽の務めは心を和するに在り、心を和するは適を行うに在り。

耳之情欲声、心不楽、五音在前弗聴。目之情欲色、心弗楽、五色在前弗視。鼻之情欲芬香、心弗楽、芬香在前弗嗅。口之情欲滋味、心弗楽、五味在前弗食。欲之者、耳目鼻口也。楽之弗楽者、心也。心必和平然後楽、心必楽然後耳目鼻口有以欲之。故楽之務在於和心、和心在於行適。

◉芬香――よいにおい。◉滋味――味のよいもの。うまいたべ物。◉適を行う――物ごとをほどよく行うこと。

六五　尭舜の音楽

尭は即位すると、質に命じて音楽をつくらせた。質はそこで山林や谿谷の音に似せて歌曲をつくり、さらに鹿の皮をほとぎに張って鼓をつくり、そのうえ手で石を打ち合わせて上帝を祭るときの磬の音に似せた。百獣はその音を聞くと寄り集まってきた。瞽叟は五弦の琴を工夫して、十五弦の琴に改作し、これを大章と名づけ、上帝を祭った。舜は即位すると延に命じてさらに瞽叟がつくった琴に八弦を増して二十三弦の琴とした。舜はまた楽人の質に命じて帝嚳のときの九招・六列・六英の歌曲を修正させて歌わせ、帝徳をいっそう明らかにした。（仲夏紀　古楽）

帝尭立ち、乃ち質に命じて楽を為らしむ。質乃ち山林谿谷の音に効いて以て歌う。乃ち麋輅を以て缶に冒いて之を鼓とす。乃ち石を拊ち石を撃ちて、以て上帝玉磬の音に象りて、以て百獣を致し舞わしむ。瞽叟乃ち五弦の瑟を拌ち、作りて以て十五弦の瑟と為し、之を命づけて大章と曰い、以て上帝を祭る。舜立ち、延に命じ、乃ち瞽叟の為るところの瑟を拚ち、之に八弦を益し、以て二十三弦の瑟を為る。帝舜乃ち質をして九招・六列・六英を修めしめ、以て帝の徳を明らかにす。

帝尭立、乃命質為楽。質乃效山林谿谷之音以歌。乃以麋鞈冒缶而鼓之。乃拊石撃石、以象上帝玉磬之音、以致舞百獣。瞽叟乃拌五弦之瑟、作以為十五弦之瑟、命之曰大章、以祭上帝。舜立、命延、乃拌瞽叟之所為瑟、益之八弦、以為二十三弦之瑟。帝舜乃令質修九招・六列・六英、以明帝徳。

◉質——尭の臣で音楽家として有名な夔のことか。◉麋鞈——鹿のなま皮のこと。◉缶——ほとぎ。◉瞽叟——舜の父の名。◉拌つ——分と同じ。分ける。◉延——舜の臣。◉九招・六列・六英——帝嚳がつくった歌曲の名。

六六　禹の音楽

禹は即位すると天下のために勤労して日夜懈ることがなかった。大川を疏通し、塞がった箇所を切り開き、黄河の竜門をけずり広げ、おおいに流水を通じて黄河に導き、三江五湖を疏通して東海に注がせて、民衆に利益を与えた。そこで皐陶に命じて

九章から成る夏籥の曲をつくらせ、治水の功を明らかにした。（仲夏紀　古楽）

禹立ち、天下に勤労して、日夜懈らず。大川を通じ、壅塞を決し、竜門を鑿ち、降いに漻水を通じて以て河に導き、三江五湖を疏して、之を東海に注ぎ、以て黔首を利とす。是に於て皐陶に命じて夏籥九成を作為せしめ、以てその功を昭らかにす。

禹立、勤労天下、日夜不懈。通大川、決壅塞、鑿竜門、降通漻水以導河、疏三江五湖、注之東海、以利黔首。於是命皐陶作為夏籥九成、以昭其功。

◉黔首――一般民衆のこと。◉皐陶――舜の臣。法理・刑獄のことに明るかったという。◉九成――九章というに同じ。九つの曲を組み合わせて一曲、すなわち夏籥一編ができ上がる。

六七　殷の音楽

殷の湯王が天子の位に即くとき、夏王の桀は無道を行い、民衆に暴虐を加え、諸侯の国を侵略し、法度を踏みにじり、天下はその患害に悩んでいた。湯王はそこで六州の諸侯を引きつれて桀王の罪を糾弾した。功業は成功し、民衆も落ち着いた。湯王はそこで伊尹に命じて大護の楽曲をつくらせ、晨露の曲を歌い、九招・六列の歌詞を修正させて、自らの美徳を表明させた。（仲夏紀　古楽）

殷湯位に即くや、夏無道を為し、万民を暴虐し、諸侯を侵削し、軌度を用いずして、天下之を患う。湯是に於て六州を率いて以て桀の罪を討つ。功名おおいに成り、黔首安寧す。湯乃ち伊尹に命じて大護を作為し、晨露を歌い、九招・六列を修めしめ以てその善を見す。

殷湯即位、夏為無道、暴虐万民、侵削諸侯、不用軌度、天下患之。湯於是率六州以討桀罪。功名大成、黔首安寧。湯乃命伊尹作為大護、歌晨露、修九招・六列、以見其善。

◉軌度——法度、決まり。　◉桀——夏王朝の最後の君主。悪虐の王として有名。

六八　周の音楽

周の文王が岐山にいて西伯と称していると、諸侯たちは悪虐な殷の紂王のもとを離れて文王についた。散宜生がいった。「殷は伐ち倒すべきです」。文王は許さなかった。そこで子の周公旦は詩をつくっていった。「文王が上にいますならば、その高明さは天の如く明らかで、周は旧邦ではあるが、国運は新しい気分に満ち満ちている」と。このように文王の徳を誉めたたえた。武王が位に即くと、六個の師団を率いて殷を討伐した。六師がまだ完全に揃わないのに先鋒の軍は牧野に戦って勝利を収めていた。軍をかえすとき、捕虜や敵から斬りとった耳を宗廟にそなえた。そこで周公に命じて大武の楽をつくらせた。成王が即位すると東方の殷民が反乱を起こした。成王は周公に命じてこれを平定させた。また殷の子孫たちは象を飼い馴らし、これを戦いに使って東方の地域を擾乱した。周公はついに軍隊を動員してかれらを駆逐し、揚子江以南にまで追いやった。そこで三象の曲をつくって、周の盛徳を嘉美した。このように音楽の由来するところは久しく、ただ一代でつくられたものだけではないのである。（仲夏紀　古楽）

周の文王岐に処り、諸侯殷王受を去りて文王を翼く。散宜生曰わく、「殷伐つべし」。文王許さず。周公旦乃ち詩を作りて曰わく、「文王上に在り、於天に昭らかなり。周は旧邦なりと雖も、その命維れ新たなり」。以て文王の徳を縄む。武王位に即き、六師を以いて殷を伐つ。六師未だ至らざるに、鋭兵を以いて之に牧野に克つ。帰りて乃ち俘馘を京の太室に薦む。乃ち周公に命じて大武を為作せしむ。成王立つや、殷民反く。王周公に命じて之を践伐せしむ。商人象を服し虐を東夷に為す。周公遂に師を以いて之を逐い、江南に至らしむ。乃ち三象を為り、以てその徳を嘉す。故に楽の由来するところのものは尚し。独り一世の造るところのみに非ざるなり。

周文王処岐、諸侯去殷王受而翼文王。散宜生曰、殷可伐也。文王弗許。周公旦乃作詩曰、文王在上、於昭於天。周雖旧邦、其命維新。以縄文王之徳。武王即位、以六師伐殷。六師未至、以鋭兵克之於牧野。帰乃薦俘馘于京太室。乃命周公為作大武。成王立、殷民反。王命周公践伐之。商人服象、為虐于東夷。周公遂以師逐之、至于江南。乃為三象、以嘉其徳。故楽之所由来者尚矣。非独為一世之所造也。

◉殷王受——殷王紂のこと。　◉散宜生——文王四臣の一。　◉縄む——誉めること。
◉以いる——率いると同じ。　◉俘馘——捕虜と敵から斬りとった耳。　◉太室——宗廟の中央の室。
◉象を服す——象を飼いならして戦争に使うこと。　◉東夷——東方のえびす。ここでは都から遠く離れた東方の地域のこと。

六九　四季の音楽

聖人たちの太平至治の世では、天地の気が交流して風を生じ、風は夏至や冬至の節季ごとに変わった。聖人は月ごとにその風に合わせて十二の音調をつくった。仲冬は冬至で日が最も短いので、これに合わせて黄鐘の音をつくり、つづいて季冬は大呂、孟春は太蔟、仲春は夾鐘、季春は姑洗、孟夏は仲呂とした。仲夏は夏至で日が最も長いので、これに合わせて蕤賓の音をつくり、つづいて季夏は林鐘、孟秋は夷則、仲秋は南呂、季秋は無射、孟冬は応鐘とした。こうして天地の間の風の動きが正常であれば、十二の音調も安定するのである。（季夏紀　音律）

大聖至理の世、天地の気、合して風を生ず。日至れば則ち月ごとにその風を鐘め、以て十二律を生ず。仲冬には日短きこと至り、則ち黄鐘を生じ、季冬には大呂を生じ、孟春には太蔟を生じ、仲春には夾鐘を生じ、季春には姑洗を生じ、孟夏には仲呂を生ず。仲夏には日長きこと至り、則ち蕤賓を生じ、季夏には林鐘を生じ、孟秋には夷則を生じ、仲秋には南呂を生じ、季秋には無射を生じ、孟冬には応鐘を生ず。天地の風気正しければ、則ち十二律定まる。

大聖至理之世、天地之気、合而生風。日至則月鐘其風、以生十二律。仲冬日短至、則生黄鐘、季冬生大呂、孟春生太蔟、仲春生夾鐘、季春生姑洗、孟夏生仲呂。仲夏日長至、則生蕤賓、季夏生林鐘、孟秋生夷則、仲秋生南呂、季秋生無射、孟冬生応鐘。天地之風気正、則十二律定矣。

◉日至――夏至や冬至の日の最も長く、あるいは短いことをいう。　◉鐘む――あつめる。

七〇　月ごとの約束

黄鐘の月、すなわち十一月は、土木事業を起こさず、慎重にして大地の貯蔵を開くことなく、天地の気を密封せよ。そうでないと陽気は逃げ去る。大呂の月、すなわち十二月は、今年もまさに終わろうとし、年次はいまにも改まろうとしている。農民の心を農業一つにして徭役などに使ってはならない。太蔟の月、すなわち正月は、立春にあたって陽気がはじめて生じ、草木も萌え芽づく。農民に耕種の準備をさせ、時を失わないよう指導する。夾鐘の月、すなわち二月は、気候は穏やかでゆったりなのだから、仁徳の政治を行って刑罰を去り、軍事行動を起こして民生を害わないようにする。姑洗の月、すなわち三月は、道路を補修し、小川や溝を修理する。こうした月令（れい）をよく守っていれば、次の季節のよい気も速（すみ）やかにやってくる。仲呂（ちゅうりょ）の月、すなわち四月は、軍旅（ぐんりょ）徭役で大衆を動員することなく、役人は巡回して農事をすすめる。この時期、草木は成長期なのだから、農民の心を他に移すようなことがあってはならない。蕤賓（ずいひん）の月、すなわち五月は、陽気のまっ盛りであるから、若者たちの指導に十分配慮する。朝政がうまくいかないと、若い草木も立枯れになる。林鐘（りんしょう）の月、すなわち六月は、草木繁茂する時期ではあるが、立秋にあたって陰気もはじめて刑殺せんとする。だから大事を発動することなく、陽気をいっそう保養するようつとめる。夷則（いそく）の月、すなわち七月は、法律や刑罰を整備し、士卒を選練し武器をととのえ、不義の徒（と）を誅罰（ちゅうばつ）して遠方の国々をなつかせる。南呂（なんりょ）の月、すなわち八月は、秋も深まって虫たちは冬籠（ごも）りの準備に入る。農民を督促（とくそく）して収穫に精出させ怠（なま）けさせず、増収に心がけさせる。無射（ぶえき）の月、すなわち九月は、裁判を迅速（じんそく）に、法に従って罪を断じて手心（てごころ）は加えない。裁判は遅滞（ちたい）させず、早い結審に努力する。応鐘（おうしょう）の月、すなわち十月は、陰陽が上下に分かれて交（まじ）わらず、天地の気は閉ざされて冬となる。この時は喪服（そうふく）の親疎（しんそ）や順序を考え、送葬の儀典をととのえ正す。（季夏紀　音律）

黄鐘の月には、土事を作（おこ）すことなく、慎（つつし）みて蓋（くら）を発（ひら）くことなく、以（もっ）て天を固くし地を閉じよ。陽気且に泄れんとす。大呂の月には、数将に終わりに幾からんとし、歳且に更め起こらんとす。而の農民を専らにして、使うところあることなかれ。太蔟の月には、陽気始めて生じ、草木繁動す。農をして土を発かしめ、時を失うことあることなからしめよ。夾鐘の月には、寛裕和平にして、徳を行い刑を去り、事を作して以て群生を害うことあることなかれ。姑洗の月には、道を達し路を通じ、溝瀆をば修理す。此の令を申ぬれば、嘉気趣かに至る。仲呂の月には、大衆を聚むることなく、巡りて農事を勧めよ。草木方に長じ、民心を攜すことなかれ。蕤賓の月には、陽気上に在れば、壮を安んじ佼を養え。本朝静ならざれば、草木早く槁る。林鐘の月には、草木盛満なれども、陰将に始めて刑せんとす。大事を発すことなく、以て陽気を将え。夷則の月には、法を修め刑を飭え、士を選び兵を厲ぎ、不義を詰誅して、以て遠方を懐けよ。南呂の月には、蟄虫穴に入る。農を趣して収聚せしめ、敢て懈怠することなく、多きを以て務めとなさしめよ。無射の月には、疾く有罪を断じ、法に当たりて赦すことなく、獄訟を留むることなく、亟かなるを以て故と以よ。応鐘の月には、陰陽通ぜず、閉じて冬となる。喪紀を修別し、民の終わるところを審しくす。

黄鐘之月、土事無作、慎無発蓋、以固天閉地。陽気且泄。大呂之月、数将幾終、歳且更起。専而農民、無有所使。太蔟之月、陽気始生、草木繁動。令農発土、無或失時。夾鐘之月、寛裕和平、行徳去刑、無或作事、以害群生。姑洗之月、達道通路、溝瀆修理。中之此令、嘉気趣至。仲呂之月、無聚大衆、巡勧農事。草木方長、無攜民心。蕤賓之月、陽気在上、安壮養佼。本朝不静、草木早槁。林鐘之月、草木盛満、陰将始刑。無発大事、以将陽気。夷則之月、修法飭刑、選士厲兵、詰誅不義、以懐遠方。南呂之月、蟄虫入穴。趣農収聚、無敢懈怠、以多為務。無射之月、疾断有罪、当法勿赦、無留獄訟、以亟以故。応鐘之月、陰陽不通、閉而為冬。修別喪紀、審民所終。

◉蓋——蓋蔵すること、貯蔵するの意。　◉数——その年の日数。　◉而——汝と同じ。
◉群生——おおくの民衆。　◉攜す——離す、の意。　◉将え——養と同じ。　◉兵——刀剣等の武器のこと。　◉蟄虫——冬ごもりする虫。　◉審しくす——正と同じ。

▼この章すべて四字句で綴られている。時令の音楽版というべきものか。

七一　東の国ぐにの音楽

夏后氏の孔甲は東陽の萯山に狩りをした。俄かに大風が吹き周囲は真っ暗になった。孔甲は道に迷い、とある民家に入ったが、その家ではちょうど出産の最中であった。ある者がいった。「ちょうど天子もお見えになって本当にいい日だ。この子は縁起がいい」。別の者がいった。「そうはいかないだろう。この子はきっと不運に見舞われるよ」。孔甲はそこで子どもを引き取りつれて帰った。「わたしの子どもにすればだれがこの子に災難を与えよう」。子どもが成長し一人前になったとき、ある日天幕がゆれ、支柱が裂けて倒れ、鋭利な斧で斬ったようにその子の足を切断した。とうとうかれは門番にまで身を堕した。孔甲はいった。「ああ、あの子が廃疾者になるとは。これも運命なのだ」。そこでこれを悲しんで破斧の歌をつくった。これがまさに東方の国風の音楽の創始である。（季夏紀　音初）

夏后氏孔甲、東陽の萯山に田す。天おおいに風ふき晦盲す。孔甲迷惑し、民の室に入る。主人方に乳す。或るひと曰わく、「后来れり、是れ良日なり。之の子是に必ず大吉ならん」。或るひと曰わく、「勝えざるなり。之の子是に必ず殃あらん」。后乃ちその子を取りて以て帰り、曰わく、「以て余が子と為せば、誰れか敢て之に殃せん」。子長じて人と成り、幕動きて橑を坼き、斧のごとくその足を折断す。遂に守門者と為る。孔甲曰わく、「嗚呼、疾あり、命なるかな」。乃ち破斧の歌を作る。実に始めて東音を作為す。

夏后氏孔甲田于東陽萯山。天大風晦盲。孔甲迷惑、入于民室。主人方乳。或曰、后来是良日也。之子是必大吉。或曰、不勝也。之子是必有殃。后乃取其子以帰、曰、以為余子、誰敢殃之。子長成人、幕動坼橑、斧折断其足。遂為守門者。孔甲曰、嗚呼、有疾、命矣夫。乃作為破斧之歌。実始作為東音。

◉夏后氏孔甲――禹（う）の創（はじ）めた夏王朝の十三代目の君主。『竹書紀年（ちくしょきねん）』によれば、孔甲三年に萯山に狩りしたとある。◉晦盲す――晦瞑（かいめい）に同じで、あたりが真っ暗になること。◉迷惑す――道に迷う。◉乳す――出産する。◉后――きみ、天子。◉幕――天幕。◉坼く――裂（さ）く。◉橑――たるき、ここでは支柱のこと。◉東音――東方の地方の国風（くにぶり）、歌の調子。

七二　南の国ぐにの音楽

禹（う）は治水の事業を巡察していて、塗山氏（とざんし）の娘に出会った。禹は正式の結婚の礼を行わないで再び南方の巡視に出かけた。塗山氏の娘は侍女（じじょ）に命じて禹の帰国を塗山の南で待たせた。娘はそこで歌をつくり気持ちを示した。その歌は「恋しい人を候（ま）って……」というものであった。これがまさに南方の国ぐにの国風（くにぶり）、音楽の創始である。

周公と召公とはこの歌から、周南・召南の国風をつくった。（季夏紀　音初）

禹、功を行り、塗山氏の女を見る。禹未だ之に遇せずして南土を巡省す。塗山氏の女乃ちその妾をして禹を塗山の陽に候たしむ。女乃ち歌を作り、歌いて曰わく、「人を候つ猗」。実に始めて南音を作為す。周公及び召公風を焉に取り、以て周南・召南を為る。

禹行功、見塗山氏之女。禹未之遇而巡省南土。塗山氏之女乃令其妾候禹于塗山之陽。女乃作歌、歌曰、候人兮猗。実始作為南音。周公及召公取風焉、以為周南・召南。

◉行る——めぐる。巡察する。◉塗山氏——いまの江西省のあたりの実力者。その女は、後の夏后殷の母。◉候つ——まつ。◉周南・召南——『詩経』中の国風の名。

七三　西の国ぐにの音楽

周の昭王は自ら将となって楚国を討った。臣下の辛余靡は長大でかつ力も強く、いつも王の側近にいた。軍を引き返して漢水を渡るとき、橋がこわれ、昭王と蔡公とは漢水中に投げ出された。辛余靡は王をまず北岸に救出すると引き返して蔡公をも助けた。帰国すると昭王は辛余靡の功績を賞して西翟の地の諸侯とし、長公と賞め称えた。はじめ殷の整公、すなわち殷王の河亶甲は、都を囂から西河に遷したが、故都が忘れられず、そこではじめて西方の国の音楽をつくった。長公はこの音楽を継承して西翟の地に住みついた。秦の繆公はその歌の調子をここからとって、はじめて秦国の音楽を創出した。（季夏紀　音初）

周の昭王親ら将として荊を征す。辛余靡は長くして且つ多力、王の右と為る。還反して漢を渉るとき、梁敗れ、王及び蔡公漢中に抎つ。辛余靡王を振い北に済り、又た反りて蔡公を振う。昭王乃ち之を西翟に侯とし、賞して長公と為す。殷の整甲、宅を西河に徙し、猶お故処を思い、実に始めて西音を作為す。長公是の音を継ぎて以て西山に処る。秦の繆公風を焉に取り、実に始めて秦音を作為す。

周昭王親将征荊。辛余靡長且多力、為王右。還反渉漢、梁敗、王及蔡公抎於漢中。辛余靡振王北済、又反振蔡公。昭王乃侯之于西翟、賞為長公。殷整甲徙宅西河、猶思故処、実始作為西音。長公継是音以処西山。秦繆公取風焉、実始作為秦音。

◉荊――楚のこと。　◉梁――橋のこと。　◉抎つ――隕と同じ、墜ちること。

七四　北の国ぐにの音楽

有娀氏に二人の美女がいた。彼女たちは九重の高閣をつくらせてそこに住み、飲食するときには必ず鼓をうって合図した。天帝は燕に命じてようすを探らせていた。燕の鳴き声はひどく可愛かった。二人の女はすっかり気に入り、争って燕を捕らえると宝石をちりばめた小箱に閉じ込めた。しばらくして箱を開けてみると、燕は二つの卵をそこに残して北へ飛び去り、ついに戻ることはなかった。二人の女は燕を思って一曲をつくった。「燕燕 往き飛ぶ」というものであった。これが北方の国ぐにの音楽の創めである。（季夏紀　音初）

有娀氏に二佚女あり。九成の台を為りて以て之に処り、飲食するには必ず鼓を以てす。帝燕をして往きて之を視さしむ。鳴くこと謚謚の若し。二女愛して争いて之を搏ち、覆うに玉筐を以てす。少選して、発きて之を視れば、燕二卵を遺して北に飛び、遂に反らず。二女歌一終を作りて曰わく、「燕燕往き飛ぶ」。実に始めて北音を作為す。

有娀氏有二佚女。為九成之台以処之、飲食必以鼓。帝令燕往視之。鳴若謚謚。二女愛而争搏之、覆以玉筐。少選、発而視之、燕遺二卵北飛、遂不反。二女作歌一終曰、燕燕往飛。実始作為北音。

◉佚女――美女。◉九成――九重、九階の意。要するに高閣のこと。◉謚謚――つばめの鳴き声。

▼有娀氏の娘は燕が残していった卵を呑んだ。やがて妊って子どもを産む。これを契という。『詩経』の商頌に「天玄鳥に命じ、降りて商を生ましむ」とある。契は商、すなわち殷の民族の始祖である。これが殷の民族の始祖伝説である。

七五　災害への対応――周の文王

周の文王が西伯となって国にのぞんで八年目の六月、文王は病に臥した。五日すると地震が起き、東西南北のどの方角の郊外にも避難することができなかった。百官は口を揃えていった。「わたしどもは地震は君主によって起こるものだと聞いております。現在王は病に臥すこと五日で地震が起き、どこへも逃げ道がありませんでした。

群臣は恐れてみなこういっています。『この災難をどこかへ転移させたい』と」。文王はいった。「どのようにして転移するのか」。答えていった。「事業を興し大衆を動員し、都城を増築したならば、あるいは災害を転移し回避できるかもしれません」。文王はいった。「それは駄目だ。いったい天が災害を降すのは、有罪の者を罰するためである。わたしにきっと罪があり、だからこそ天はこうした地震でわたしを罰したのであろう。いまことさらに事業を興し大衆を動員し、都城を増築するのは、わたしの罪をさらに加重するようなもので、よくないことである」。文王はさらにいった。「わたしの行いを改め善いことを積み重ねて、災害を転移させよう。そうつとめれば罪を免れられるかもしれないから」。それ以後、礼節や贈りものに気をくばって諸侯と交わり、ことば遣いや礼物をきちんとして賢士を礼遇し、爵位や官職や田土を分与して群臣に賞賜した。ほどなく病気は全快した。文王は即位八年で地震に見舞われ、それから四十三年、すなわち計五十一年の治世で世を去った。これが文王の災害に対応する仕方であった。（季夏紀　制楽）

周の文王国に莅むこと八年、歳の六月、文王疾に寝ね、五日にして地動き、東西南北、国郊より出でられず。百吏皆請いて曰わく、「臣聞く、地の動くは人主の為なり。今王疾に寝ぬること五日にして地動き、四面国郊より出でられず。群臣皆恐れ、『請う之を移さん』と曰う」。文王曰わく、「若何にしてそれ之を移すか」。対えて曰わく、「事を興し衆を動かし、以て国城を増さば、それ以て之を移すべきか」。文王曰わく、「不可なり。夫れ天の妖を見すや、以て有罪を罰するなり。我れ必ず罪あるが故に天此れを以て我れを罰するなり。今故に事を興し衆を動かして以て国城を増さば、是れ吾が罪を重ぬるなり。不可なり」。文王曰わく、「昌や請う、行いを改め善を重ね、以て之を移さん。それ以て免るべきか」。是に於てその礼秩皮革を謹みて、以て諸侯と交わり、その辞令幣帛を飭めて以て豪士を礼し、その爵列等級田疇を頒ちて以て群臣を賞す。幾何もなくして、疾乃ち止む。文王即位八年にして地動き、已に動くの後四十三年、凡そ文王国を立つること五十一年にして終う。此れ文王の殃を止め妖を翦きし所以なり。

周文王莅国八年、歳六月、文王寝疾、五日而地動、東西南北、不出国郊。百吏皆請曰、臣聞地之動、為人主也。今王寝疾五日而地動、四面不出国郊。群臣皆恐曰、請移之。文王曰、若何其移之。対曰、興事動衆、以増国城、其可以移之乎。文王曰、不可。夫天之見妖也、以罰有罪也。我必有罪、故天以此罰我也。今故興事動衆以増国城、是重吾罪也。不可。文王曰、昌也請改行重善以移之。其可以免乎。於是謹其礼秩皮革、以交諸侯、飭其辞令幣帛、以礼豪士、頒其爵列等級田疇、以賞群臣。無幾何、疾乃止。文王即位八年而地動、已動之後四十三年、凡文王立国五十一年而終。此文王之所以止殃翦妖也。

◉礼秩——礼制のうえできまった待遇。◉飭む——つつしむ、ととのえる。◉頒ち——わかつ。

七六　災害への対応——宋の景公

宋の景公の時代に、熒惑即ち火星が東方の心の宿に止まっていた。心は天文学では宋の分野なので、景公は恐れた。学者の子韋を呼びつけて尋ねた。「火星が心の分野にあるのはどうした預兆なのか」。子韋は答えた。「火星の出現は、天が懲罰する者のあることを示します。しかもいま止まっている心は、宋国の分野です。その災禍はきっと君主であるあなたにあたりましょう。しかし宰相の身に転移することもできます」。景公はいった。「宰相はわたしとともに国家を治めていく人物です。禍を移してかれを殺すのは、よいことではない」。子韋がいった。「それでは民衆に移しましょうか」。景公がいった。「民衆が死んでしまったら、いったいわたしはだれの君主となるのか。それくらいならむしろ独りで死んだほうがましだ」。子韋はさらにいった。

「それでは、今年の収穫(みのり)に移しましょうか」。景公はいった。「収穫が悪ければ民衆は饑(う)え、饑えれば必ず死人が出る。君主でありながら自分の人民を殺して自分だけが生きのびようとする。そういうものをだれが自分たちの君主として仰(あお)ごうか。わたしの運命はもはや尽(つ)きたのだから、あなたももう何も言うな」。これを聞くと子韋は急いで退き臣下の地位について頭を低(た)れていった。「わたくしはあなたに心からお祝いを申しのべたい。天は高みに居りながらよく地上のことを見、また聞いております。あなたは君主として立派なことを三ついわれました。天はきっとあなたに三つのことをお褒(ほ)めになるでしょう。今夜火星は三舎を移し、あなたは二十一年長生きすることとなりましょう」。景公はいった。「どうしてそれがわかるのか」。子韋は答えた。「あなたは三つの善いことをいい、天はこれに三つの褒賞を与えるでしょう。おそらく火星は三回星座を変えるでしょうが、星座にはそれぞれ七つの星があります。一つの星の間を移るのに一年かかりますから、三つの星座で三七(さんしち)二十一年かかるわけで、そこであなたは二十一年これから生きると申しあげたのです。わたくしは庭先に出て星空を観察いたしたいと存じます。もし火星が移動しなかったならば、わたくしを処罰してください」。景公は「よし」と答えた。この夜火星ははたして三舎を移動した。（季夏紀　制楽）

宋の景公の時、熒惑心に在り。公懼れて、子韋を召して焉に問いて曰わく、「熒惑心に在るは、何ぞや」。子韋曰わく、「熒惑は天罰なり。心は宋の分野なり。禍君に当たる。然りと雖も宰相に移すべし」。公曰わく、「宰相は与に国家を治むるところなり。而るに死を焉に移すは、不祥なり」。子韋曰わく、「民に移すべし」。公曰わく、「民死すれば、寡人将た誰れにか君と為らん。寧ろ独り死せんのみ」。子韋曰わく、「歳に移すべし」。公曰わく、「歳害あれば則ち民饑う。民饑うれば必ず死す。人君と為りてその民を殺し以て自ら活きなば、それ誰れか我れを以て君と為さんや。是れ寡人の命固より尽きたるのみ。子復た言うことなかれ」。子韋還り走り、北面して載ち拝して曰わく、「臣敢えて君を賀せん。天はこれ高きに処りて卑きに聴く。君に至徳の言三あり、天必ず君を三賞せん。今夕熒惑それ三舎を徙さん。君年を延ぶること二十一歳ならん」。公曰わく、「子何を以て之を知る」。対えて曰わく、「三善言あらば、必ず三賞あらん。熒惑三たび舎を徙すことあらん。舎は七星を行く。星一たび徙るは一年に当たれば、三七二十一。臣故に君年を延ばすこと二十一歳なりと曰うなり。臣請う、陛下に伏して以て之を伺候せん。熒惑徙らざれば、臣請う死せん」。公曰わく、「可なり」。是の夕熒惑果たして三舎を徙せり。

宋景公之時、熒惑在心。公懼、召子韋而問焉、曰、熒惑在心、何也。子韋曰、熒惑者、天罰也。心者宋之分野也。禍当於君。雖然、可移於宰相。公曰、宰相所与治国家也。而移死焉、不祥。子韋曰、可移於民。公曰、民死、寡人将誰為君乎。寧独死。子韋曰、可移於歳。公曰、歳害則民饑。民饑必死。為人君而殺其民以自活也、其誰以我為君乎。是寡人之命固尽已。子無復言矣。子韋還走、北面載拝、曰、臣敢賀君。天之処高而聴卑。君有至徳之言三、天必三賞君。今夕熒惑其徙三舎、君延年二十一歳。公曰、子何以知之。対曰、有三善言、必有三賞。熒惑有三徙舎。舎行七星。星一徙当一年、三七二十一。臣故曰君延年二十一歳矣。臣請伏於陛下以伺候之。熒惑不徙、臣請死。公曰、可也。是夕熒惑果徙三舎。

◉熒惑——火星のこと。◉心——古代中国の天文学では、天空を二十八の分野に分け、心はその一で、地上の宋の国にあたるとされる。◉子韋——宋の太史(たいし)で占星術を能(よ)くする。◉載ち——乃と同じ。◉三舎——三宿と同じで、二十八宿のうちの三つの宿、分野をいう。

七七　聖人と凡庸(ぼんよう)の君主

五帝三王(ごていさんおう)は人生の悦楽もきわめ尽(つ)くした。乱国の君主が、楽しみをきわめられないのは、かれが凡庸だからである。せっかく天からの恵みをうけて、一国の君主となりながら、君主だけがもつ特権を行使することもできない。こういうのを、おおいに悲しむべき人という。それはちょうど、夜の暗闇の中に坐って周囲が見えず、自分では正しく坐っていると思いながらも、実際は正しくないのと同じである。（季夏紀　明理）

五帝三王の楽しみに於けるや之を尽くせり。乱国の主の未だ嘗て楽しみを知らざるは、是れ常主なればなり。夫れ天賞ありて主たるを得るも、而も未だ嘗て主たるの実を得ざる、此れを之れ大悲と謂う。是れ正に夕室に坐するなり。その所謂る正は、乃ち正ならざるなり。

五帝三王之於楽尽之矣。乱国之主、未嘗知楽者、是常主也。夫有天賞得為主、而未嘗得主之実、此之謂大悲。是正坐於夕室也。其所謂正、乃不正也。

◉常主――凡庸の君主。　◉天賞――天からの賞与。特殊な幸運をいう。　◉夕室――夕方の暗闇につつまれた室。

七八　積習の結果

いったい生命は一気の化成によるものではなく、成長も一物の担当するものではなく、完成も一形のよくするところではない。だから多くのものの協調が積み重なってできあがったものへの恵みは、あらゆるものが到来する。これに対して多くの邪悪が積み重なってできあがったものへの災いは、あらゆるものが降りかかる。風雨は不調で、ほどよい時期に雨は降らず、霜や雪は時節はずれに降り、寒暑も季節はずれで、陰陽の気は順序がたたず、四季の区別もはっきりしない。男女は淫欲にふけって子どもの生育の世話をせず、禽獣も胎児を死産して子孫を増殖できない。草木はやせ枯れて繁らず、五穀も立ち枯れて実を結ばない。こうした状況の下で音楽を制作しようとしても、どうしてつくることができよう。だからこうした乱世の下では、君臣がたがいに害し合い、長幼が殺し合い、親子がむごいことをし合い、兄弟で悪口をいい合い、友人同士が欺し合い、夫婦がたがいに忌み嫌い、日々に心は険悪となり、やがて人倫の綱紀も見失って、心は禽獣のようになり、邪悪で利欲にのみ走って、いっこうに道理をもわきまえぬものとなりおわる。（季夏紀　明理）

凡そ生は一気の化に非ざるなり、長は一物の任に非ざるなり、成は一形の功に非ざるなり。故に衆正の積むところ、その福及ばざるなきなり。衆邪の積むところ、その禍逮ばざるなきなり。その風雨は則ち適ならず、その甘雨は則ち降らず、その霜雪は則ち時ならず。寒暑は則ち当たらず、陰陽は次を失い、四時節を易う。人民は淫爍して固ならず、禽獣は胎消して殖せず。草木は庳小にして滋ならず、五穀は萎敗して成らず。その以て楽を為るや、之を若何せんや。故に至乱の化は、君臣相い賊い、長少相い殺し、父子相い忍び、弟兄相い誣い、知交相い倒し、夫妻相い冒す。日に以て相い危うくし、人の紀を失い、心は禽獣の若く、邪に長じ利に苟にして、義理を知らず。

凡生非一気之化也、長非一物之任也、成非一形之功也。故衆正之所積、其福無不及也。衆邪之所積、其禍無不逮也。其風雨則不適、其甘雨則不降、其霜雪則不時。寒暑則不当、陰陽失次、四時易節。人民淫爍不固、禽獣胎消不殖。草木庳小不滋、五穀萎敗不成。其以為楽也、若之何哉。故至乱之化、君臣相賊、長少相殺、父子相忍、弟兄相誣、知交相倒、夫妻相冒。日以相危、失人之紀、心若禽獣、長邪苟利、不知義理。

◉適――時、然るべき時節をいう。◉淫爍して固ならず――淫欲にふけって子どもの面倒をしっかりみないこと。◉胎消して殖せず――胎児を流産して子孫が増殖しない。

◉萎敗す――なえしぼむ。　◉忍ぶ――むごいことをする。　◉知交――朋友（ほうゆう）。　◉相い倒す――相い欺（あざむ）く。　◉義理――ものの道理。

III 秋の節

獄訟を決すること、必ず正平
（秋の気は粛殺、政治はきびしく邪悪を正す）

七九　立秋

この月は立秋に入る。立秋の日に先立つこと三日、太史はその旨を天子に告げて「某日が立秋です。徳は金の位にあります」という。天子は三日の間斎戒する。立秋の当日には、天子はみずから三公・九卿・諸侯・大夫を引きつれて、秋の気を西の郊外に出て迎える。王城へ帰ってから将軍や武人を朝廷で表彰する。(孟秋紀)

是の月や、立秋なるを以て、立秋に先立つ三日、太史之を天子に謁げて曰わく、「某日立秋、盛徳金に在り」と。天子乃ち斎す。立秋の日、天子親ら三公九卿諸侯大夫を率いて以て秋を西郊に迎う。還りて、乃ち軍率武人を朝に賞す。

是月也、以立秋、先立秋三日、太史謁之天子曰、某日立秋、盛徳在金。天子乃斎。立秋之日、天子親率三公九卿諸侯大夫以迎秋於西郊。還、乃賞軍率武人於朝。

◉軍率――将軍のこと。　◉武人――勇敢の士。

八〇　軍備は廃止できない

古の聖王は正義の軍を興すことはあったが、軍隊を廃止したことはない。軍隊の由来も久しく、人類の開始とともに始まる。いったい軍隊とは、威厳を誇示するもので、威厳とは威力の表示である。民衆が威力をもちたがるのは、本性である。本性とは天から授与されたもので、人力ではどうにもならない。有力者でも改められないし、智慧者でも変えることはできない。軍隊の由来は久しく、黄帝や神農はすでに水火を利用して武器をつくり、共工氏はかつて帝位を争って戦いを引き起こした。五帝はまことに天下を争い合い、あるいは興りあるいは敗れ、勝ち残ったものが天下を治めた。人は「蚩尤が武器をつくった」というが、蚩尤が始めて武器をつくったわけではなく、かれは武器をいっそう鋭利にしたのである。蚩尤が出現する以前は、民衆は棒きれをもって戦い、戦いに勝ったものを首領とした。首領ではやはり大衆を治めることができなかったので、君主を推し立てた。君主でも大衆を管理できなかったので、そこで天子を立てた。天子が立ったのは君主がいたからであり、君主が立ったのは首領がいたからであり、首領が立ったのは戦いがあったからである。こうして闘争の由来というものも久しい。禁じ、止めることはできない。だから古の聖王たちは正義の兵を興すことはあっても軍隊を廃止することはなかったのである。（孟秋紀　蕩兵）

古の聖王は義兵あれども偃兵あることとなし。兵の自り来るところは上し、始めて民あると倶なり。凡そ兵なるものは、威なり。威なるものは、力なり。民の威力を有つは、性なり。性とは天より受くるところなり、人の能く為すところに非ざるなり。武者も革むること能わず、工者も移すこと能わざるなり。兵の自り来るところは久し、黄・炎故より水火を用い、共工氏固より次いで難を作し、五帝固より相い与に争う。遁いに興り遁いに廃し、勝つもの事を用う。人は「蚩尤兵を作る」と曰うも、蚩尤は兵を作りしに非ずして、その械を利にせしなり。未だ蚩尤あらざるの時、民固より林木を剝して以て戦えり。勝つもの長と為る。長は則ち猶お之を治むるに足らず、故に君を立つ。君又た以て之を治むるに足らず、故に天子を立つ。天子の立つや君より出で、君の立つや長より出で、長の立つや争いより出ず。争闘の自りて来るところのもの久し。禁ずべからず、止むべからず。故に古の聖王は義兵ありて偃兵あることなし。

古聖王有義兵而無有偃兵。兵之所自来者上矣、与始有民倶。凡兵也者、威也。威也者、力也。民之有威力、性也。性者所受於天也、非人之所能為也。武者不能革、而工者不能移。兵所自来者久矣、黄・炎故用水火矣、共工氏固次作難、五帝固相与争矣。遁興遁廃、勝者用事。人曰蚩尤作兵、蚩尤非作兵也、利其械矣。未有蚩尤之時、民固剝林木以戦矣。勝者為長。長則猶不足治之、故立君。君又不足以治之、故立天子。天子之立也出於君、君之立也出於長、長之立也出於争。争闘之所自来者久矣。不可禁、不可止。故古之聖王有義兵而無有偃兵。

◉義兵——正義の軍隊、またその行動。◉偃兵——軍備の廃止。◉武者——強く力のあるもの。◉工者——智慧のあるもの。◉黄・炎——黄帝と炎帝、この時代には武器がなかったので、水火を用いて戦った。◉共工氏——女媧の時代、はじめ水土を治める官にいたが、高辛氏と帝位を争って亡びる。一説に尭の臣ともいう。◉蚩尤——黄帝時代の諸侯。兵乱を好み、大弓をつくり、天下を暴乱したという。

▼「蕩兵」と題されたこの篇は義兵を動かして暴政を一掃することを説く。そのねらいはこのころの墨家が強く主張していた「非攻偃兵」の説に反駁して軍備を撤廃することの不可をいうにある。

八一　愛の鞭はなくせない

家庭内で父母の怒りや叱責がなかったならば、その家庭の子どもたちの悪さはすぐ目立つようになり、国家にきびしい刑罰が施行されなかったならば、臣下や民衆がたがいに仲違いしてせめぎあうことは目前にあり、天下に悪を誅伐する正義の軍がなかったならば、強い諸侯による小国への侵略は止まないであろう。だから怒りや叱責は家庭教育になくてはならず、刑罰は国家を治めていくうえでなくすわけにいかず、誅伐は天下の平和のために止めるわけにはいかない。ただそれらはその運用に巧拙があり、そこに工夫が必要なのである。こういうわけで古の聖王は正義の兵を興すことはあっても軍隊を廃止することはなかったのである。（孟秋紀　蕩兵）

家に怒笞なければ、則ち豎子嬰児の過ちあるや立ろに見る。国に刑罰なければ、則ち臣下百姓の牾逆し相い侵すや立ろに見る。天下に誅伐なければ、則ち諸侯の相い暴するや立ろに見る。故に怒笞は家に偃すべからず、刑罰は国に偃すべからず、誅伐は天下に偃すべからず。巧あり拙あるのみ。故に古の聖王は義兵ありて偃兵あるなし。

家無怒笞、則豎子嬰児之有過也立見。国無刑罰、則臣下百姓之牾逆相侵也立見。天下無誅伐、則諸侯之相暴也立見。故怒笞不可偃於家、刑罰不可偃於国、誅伐不可偃於天下。有巧有拙而已矣。故古之聖王有義兵而無有偃兵。

◉怒答――怒って笞うつこと。叱責すること。◉立ろに見る――立ろに生ずと同じ。すぐ生まれてくる、の意。◉牾逆す――さからい仲違いすること。

八二　義兵は天下の良薬

食べものが喉につかえて死んだ者がいたからといって、天下の食べものを禁じようというのは、馬鹿げたことだ。舟に乗っていて誤って水に墜ち、死んだ者がいたからといって、天下の舟を禁じようというのは、馬鹿げたことだ。軍隊を用いることに失敗して国を亡ぼした者がいたからといって、天下の軍隊を禁止しようというのは、馬鹿げたことだ。いったい軍隊を廃止してはならないこと、ちょうど水や火を取り扱うようなもので、上手に用いれば福をもたらし、下手に使えば禍をよぶのである。また薬を用いるようでもある。それは良薬を用いれば人を助け、悪薬を用いれば生命取りになるからである。正義の軍隊が天下に良薬のはたらきをなすこと、まことに大である。（孟秋紀　蕩兵）

夫れ饐を以て死する者ありて、天下の食を禁ぜんと欲するは、悖れり。舟に乗ずるを以てして死する者ありて、天下の舟を禁ぜんと欲するは、悖れり。兵を用いるを以てしてその国を喪える者ありて、天下の兵を偃せんと欲するは、悖れり。夫れ兵の偃すべからざるや、之を譬うれば水火の若く然り。善く之を用うれば則ち福を為し、之を用いること能わざれば則ち禍を為す。薬を用いる者の若く然り。良薬を得れば則ち人を活かし、悪薬を得れば則ち人を殺す。義兵の天下の良薬たるや亦た大なり。

夫有以饐死者、欲禁天下之食、悖。有以乗舟死者、欲禁天下之舟、悖。有以用兵喪其国者、欲偃天下之兵、悖。夫兵不可偃也、譬之若水火然。善用之則為福、不能用之則為禍。若用薬者然。得良薬則活人、得悪薬則殺人。義兵之為天下良薬也亦大矣。

◉饐——食べものが喉につかえてむせること。　◉悖れり——馬鹿げたこと。

八三　世濁れること甚し

今日の世の中は、乱れに乱れている。民衆の苦しみは、もはやこれ以上はない。天子は存在せず、賢者は任用されず、凡庸な君主は勝手が多く、民衆の心とはかけ離れ、民衆は苦しみを訴え伝えるところもない。いまの世に賢君や志士がいて、よくよくいまの状況を理解し、軍を興し暴虐を除いたならば、その行動たるやまさに義挙である。天下の民衆は、そうなれば死にかかっている者も生きかえり、汚辱の中にいる者も希望をもち、苦しみにあえぐ者も将来を夢みて安堵しよう。凡庸な君主が勝手な行動をとりつづけるならば、並みの人間はやがてその君主のもとを離れ、親からも去っていく。まして下愚不肖の人間はいっそうである。だから正義の軍が興ったということになれば、凡庸な君主はその民衆を保有しつづけてはいけないし、親たちも子どもの離れ去るのを禁じることはできないであろう。（孟秋紀　振乱）

当今の世、濁れること甚し。黔首の苦、以て加うべからず。天子既に絶し、賢者廃伏し、世主行を恣にし、民も相い離れ、黔首告愬するところなし。世に賢主秀士あらば、宜しく此の論を察すべきなり。則ちその兵義たるなり。天下の民、まさに死せんとする者にして生き、まさに辱められんとする者にして栄え、まさに苦しまんとする者にして逸す。世主行を恣にすれば、則ち中人すらまさにその君を逃れ、その親を去らんとす。又た況んや不肖者においてをや。故に義兵至らば、則ち世主はその民を有すること能わず、人親もその子を禁ずること能わざらん。

当今之世、濁甚矣。黔首之苦、不可以加矣。天子既絶、賢者廃伏、世主恣行、与民相離、黔首無所告愬。世有賢主秀士、宜察此論也。則其兵為義矣。天下之民、且死者也而生、且辱者也而栄、且苦者也而逸。世主恣行、則中人将逃其君、去其親。又況於不肖者乎。故義兵至、則世主不能有其民矣、人親不能禁其子矣。

◉濁れる——乱れること。◉黔首——秦代の人民の呼称。元来は色の黒いこと。周は黎民という。◉告愬す——苦しみを告げ訴えること。◉中人——普通の人。

八四　実態をよく知ること

およそ天下人民の長、すなわち君主の思うべきことは、有道を助けて無道を倒し、正義をたたえて不正を処罰することである。今日の時代、学者たちは多く攻伐に反対している。攻伐に反対して救守、いわば専守論に賛成しているが、専守論をよしとしていたのでは、上に説いた有道を助けて無道を倒し、正義をたたえて不正を処罰するという原則は行えない。天下に長たるものは、この議論の利害がどこにあるかよくよく明らかにしなければいけない。攻伐も救守も、軍隊を動かすかぎりにおいてその実態は等しい。ところが或るものは攻伐をよしとし、或るものは救守をよしとして、意見は人ごとに分かれる。弁説でどちらかに決めようとしても結局は決め難いことである。もともとそれを知らなかったというのなら、それは無知であり、知っていて自分を欺いたというのなら、それはいんちきである。無知でいんちきの学者たちの弁論がいかに流暢であっても、実際の役には立たない。それは本来よしとするものに反対して、反対のものをよしとし、それを望みながらかえって傷つけ、安全にしようとしながら危害を加えるように万事があべこべだからである。天下の長い患害となり、民衆の大きな災厄となるのは、こうした議論よりひどいものはない。だから天下の民を救済しようと志す者は、こうした議論の実態に精通していなければならない。（孟秋紀　振乱）

凡そ天下の民の長たるや、慮りは有道を長じて無道を息め、有義を賞して不義を罰するに如くはなし。今の世、学者多く攻伐を非とす。攻伐を非として救守を取る。救守を取らば則ち郷の所謂る有道を長じて無道を息め、有義を賞して不義を罰するの術行われざるなり。天下の民の長、その利害此の論を察するに在り。攻伐と救守と一実なり。而れども取舎人ごとに異なる。弁説を以て之を去らば、終に論を定むるところなけん。固より知らざるは、悖れるなり。知りて心を欺くは、誣うるなり。誣悖の士、弁なりと雖も無用なり。是れその取るところを非としてその非とするところを取るなり。是れ之を利せんとして反って之を害し、之を安んぜんとして反って之を危うくするものなり。天下の長患を為し、黔首の大害を致すものは、若きの説を深しと為す。夫れ天下の民を利するを以て心と為すものは、此の論を熟察せざるべからざるなり。

凡為天下之民長也、慮莫如長有道而息無道、賞有義而罰不義。今之世、学者多非乎攻伐。非攻伐而取救守。取救守則郷之所謂長有道而息無道、賞有義而罰不義之術不行矣。天下之民長、其利害在察此論也。攻伐之与救守一実也。而取舎人異。以弁説去之、終無所定論。固不知、悖也。知而欺心、誣也。誣悖之士、雖弁無用矣。是非其所取而取其所非也。是利之而反害之也、安之而反危之也。為天下之長患、致黔首之大害者、若説為深。夫以利天下之民為心者、不可以不熟察此論也。

◉慮り——配慮すべきこと。　◉攻伐——攻撃する。ここでは正義の兵の誅罰も含む。
◉救守——守備を修める。ここでは、墨子の非攻・救守の意で用い、専守防衛をさす。
◉若きの説——「此くの若きの説」と同じ。

▼この段は墨家の非攻・救守論を反駁して、世の乱れを救うために義兵の攻伐を是とす

る。もし攻伐が非で、救守が是ということになると、不義を罰し、有道を賞する道は閉ざされてしまうではないか、というのが論旨である。

八五　救守の説は禍のもと

いったい救守の説を主張する本心は、無道を守り不義を救けることではないのだが、結果はそうなっている。無道を守って不義を救けたならば、世の中への禍害はこれ以上のものはなく、天下人民への災厄もこれ以上のものはない。およそ救守を説いて、最高の者は言辞を用い、その次の者は兵力を用いる。言辞を用いて游説すれば従う者も数多く、日夜に方法を考え、心思の限りを尽し、朝の目覚めから口に誦えてみ、夜寝ては夢にまで見る。このようにして舌も唇も乾かし、身魂を消耗し、上は、遠く三皇・五帝の故事を引き合いに出して、はなしを面白くし、下は、近く春秋五覇や名士の智謀を述べて、いかにも事実らしく見せる。朝早くからずっと夜晩くまで、軍の関係者に何やかやと説得し、救守の道を説き明かす。こうして説くべきことはすべて終わっても聴き入れられないと、こんどは逆に兵力で脅しにかかる。兵力を用いるようになれば、必ず争いごとを発生する。争いの行きつくところ、必ず殺人に至る。それでは罪のない人民を殺して、無道と不義とをあおっているようなものだ。無道と不義との存在は、天下の災害を長じて、天下の福利を止めるもので、運よくそのときは治まったとしても、やがて禍はここから生まれてくるのである。（孟秋紀　禁塞）

夫れ救守の心は、未だ無道を守りて不義を救わずんばあらざるなり。無道を守りて不義を救えば、則ち禍焉より大なるはなく、天下の民の害を為すこと焉より深きはなし。凡そ救守する者、太上は説を以てし、その次は兵を以てす。説を以てすれば則ち承従する者多く群す。日夜之を思い、心を事とし精に任じ、起きては則ち之を誦し、臥しては則ち之を夢む。自今脣を単かし肺を乾かし、神を費し魂を傷め、上は三皇・五帝の業を称して以てその意を愉ばせ、下は五伯・名士の謀を称して以てその事を信にす。早く朝し晏く罷め、以て兵を制する者に告げ、説を行り衆きを語り、以てその道を明らかにす。道畢り説単きて行われざれば、則ち必ず之を兵に反す。之を兵に反さば、則ち必ず闘争す。闘争の情、必ずまさに人を殺さんとす。是れ無罪の民を殺して以て無道と不義とを興す者なり。無道と不義なる者の存するは、是れ天下の害を長じて、天下の利を止むるなり。幸いにして勝たんことを欲すと雖も、禍は且ち始めて長ぜん。

夫救守之心、未有不守無道而救不義也。守無道而救不義、則禍莫大焉、為天下之民害莫深焉。凡救守者、太上以説、其次以兵。以説則承従多群。日夜思之、事心任精、起則誦之、臥則夢之。自今単脣乾肺、費神傷魂、上称三皇五帝之業以愉其意、下称五伯名士之謀以信其事。早朝晏罷、以告制兵者、行説語衆、以明其道。道畢説単而不行、則必反之兵矣。反之於兵、則必闘争。闘争之情、必且殺人。是殺無罪之民以興無道与不義者也。無道不義者存、是長天下之害、而止天下之利。雖欲幸而勝、禍且始長。

◉太上——最高の者。◉説——ことばによる説得。◉五伯——春秋時代の五人の覇(は)者(しゃ)。◉制兵者——軍事関係を司(つかさど)る者。◉幸い——僥倖(ぎょうこう)で。運よく。

八六　正義こそ万事の基準

先王の規範に「善を行う者は賞し、不善を行う者は罰す」とある。古(いにしえ)からの道理で変易(へんえき)することはできない。いま、もしも事柄の正義と不義とを弁別せずに、大急ぎで救守、専守論をえらんだならば、これは非常な不義を行うことで、天下の人民に対して大きな災害を与えることになる。だから軍を興(おこ)しての攻伐でもよい場合と悪い場合があり、救守でもよいときと悪いときがある。ただ正義の兵の場合だけが決まってよい。軍が正義にもとづいて動くときには、攻伐もよく、救守もよい。軍が正義に反するときには、攻伐も不可であり、救守も不可なのである。（孟秋紀　禁塞）

先王の法に曰わく、「善を為す者は賞し、不善を為す者は罰す」。古の道なり、易うべからざるなり。いまその義と不義とを別たずして、疾く救守を取るは、不義焉より大なるは莫く、天下の民を害すること焉より甚しきは莫し。故に攻伐を取る者も非とすべからず、攻伐も取るべからず。救守を非とすべからず、救守を取るべからず。惟だ義兵のみ可と為す。兵苟くも義ならば、攻伐も亦た可、救守も亦た可なり。兵不義ならば、攻伐も不可、救守も不可なり。

先王之法曰、為善者賞、為不善者罰。古之道也、不可易。今不別其義与不義、而疾取救守、不義莫大焉、害天下之民莫甚焉。故取攻伐者不可非、攻伐不可取。救守不可非、救守不可取。惟義兵為可。兵苟義、攻伐亦可、救守亦可。兵不義、攻伐不可、救守不可。

◉疾く――大急ぎで。

八七　武力行使もやむをえない

いったい君子(くんし)の弁説(べんぜつ)は、ただ雄弁なのではない。賢士の議論も、ただ流暢(りゅうちょう)に話すだけではない。必ず道理があって弁論し、必ず正義に合(がっ)して論説するのである。だから弁説は道理に合い、これを聞く王公貴族たちはいよいよ道理を信じ、官吏や民衆もいよいよ善事にはげむのである。こうして道理の道筋が明白になれば、暴虐や詐欺(さぎ)や侵略の行為は滅息(めっそく)する。暴虐や詐欺と道理とは相反したもので、当然両立することはできない。だから正義の軍が相手国の国境を越えて中に入ったならば、そこの官吏たちは頼れるものを得、民衆は死なずにすんだと安心する。国都の郊外に到達しても、五穀(ごこく)を傷つけず、墳墓(ふんぼ)を発(あば)かず、樹木を切り倒さず、倉庫に火をつけず、家屋を焼き払わず、六畜(りくちく)も奪いとらない。捕虜たちは郷里姓名を記録したうえで送還し、支配者と人民との違いをはっきりさせ、たがいに信義の心で結ばれて、その国の民衆の心をつかむ。このようにしても、いぜんとして怨(うら)みやねたみ心から、みずからの過(あやま)ちをおし通して服従しない者には、武力を行使したとしても、それは正当なのである。（孟秋紀　懐寵(かいちょう)）

凡(およ)そ君子の説くや、苟(いやし)くも弁ずるに非(あら)ざるなり。士の議するや、苟くも語るに非ざるなり。必ず理に中り然る後に説き、必ず義に当たり然る後に議す。故に説くこと義にして王公大人益ます理を好み、士民黔首益ます義を行う。義理の道彰らかなれば、則ち暴虐姦詐侵奪の術息む。暴虐姦詐の義理と反するや、その勢い倶には勝たず、両つながらは立たず。故に義兵敵の境に入れば、則ち士民は庇わるるところを知り、黔首は死せざるを知る。国邑の郊に至りて、五穀を虐げず、墳墓を掘らず、樹木を伐らず、積聚を焼かず、室屋を焚かず、六畜を取らず。民虜を得れば奉じて之を題帰し、以て好悪を彰らかにし、信もて民と期し、以て敵の資を奪う。此くの若くして猶お愎恨冒疾して過を遂げ聴わざる者は、武を行うと雖も亦た可なり。

凡君子之説也、非苟弁也。士之議也、非苟語也。必中理然後説、必当義然後議。故説義而王公大人益好理矣、士民黔首益行義矣。義理之道彰、則暴虐姦詐侵奪之術息也。暴虐姦詐之与義理反也、其勢不倶勝、不両立。故義兵入於敵之境、則士民知所庇矣、黔首知不死矣。至於国邑之郊、不虐五穀、不掘墳墓、不伐樹木、不焼積聚、不焚室屋、不取六畜。得民虜奉而題帰之、以彰好悪、信与民期、以奪敵資。若此而猶有愎恨冒疾遂過不聴者、雖行武焉亦可矣。

◉理――道理。　◉義――正義。　◉黔首――一般の民衆。　◉庇わるるところ――庇護（ひご）者、かばってくれる人。　◉題帰す――姓名や郷里を記録してから送り帰す。　◉敵の資――相手の国の財産、すなわち民衆のことをいう。　◉復恨――怒り怨むこと。　◉冒疾す――娼嫉（しょうしつ）と同じ。ねたみ憎むこと。　◉聴わざる者――服従しない者。

八八　義兵は人を生かす

いまだれかが人間の生死を何とかすることができたならば、天下の者は先を争ってその人物につかえよう。正義の軍が救出する人間も実に多数である。どうして歓迎しない者があろう。だから正義の軍の行くところ近くの国の民衆が懐（なつ）き服属すること水が低きに流れるようであり、誅伐（ちゅうばつ）の軍をすすめている国の民衆は、義兵の到着を父母を待つ心でまち望んでいる。正義の軍の行くところが遠くなればなるほど、多くの民衆が懐き、より戦わずに民衆は教化に従い服するのである。（孟秋紀　懐寵）

今此（ここ）に人ありて、能（よ）く一人を生死せば、則（すなわ）ち天下必ず争いて之（これ）に事（つか）えん。義兵の人を生かすことも亦（ま）た多し。人孰（た）れか説（よろこ）ばざらん。故（ゆえ）に義兵至らば、則ち鄰国（りんごく）の民の之に帰すること流水の若（ごと）く、誅国（ちゅうこく）の民の之を望むこと父母の若し。地を行くこと滋（いよ）いよ遠くして、民を得ること滋いよ衆し。兵刃を接えずして民の服すること化するが若し。

今有人於此、能生死一人、則天下必争事之矣。義兵之生人亦多矣。人孰不説。故義兵至、則鄰国之民帰之若流水、誅国之民望之若父母。行地滋遠、得民滋衆。兵不接刃而民服若化。

◉説ぶ——悦と同じ、喜ぶこと。◉誅国——誅伐しようとする相手の国。◉化する——教化すること。

八九　兵は天下の凶器

およそ兵は天下の凶器であり、勇気は天下の凶徳である。この人を殺す凶器を使用し、人を威す勇気を行使するのは、やむをえない事情からのことである。凶器を使用すれば必ず人を殺すことになる。しかしこの殺人は、多くの人を生かすためのものである。凶徳を行使すれば必ず人を威嚇することになる。しかしこの威嚇は、敵人を恐れさせるためのものである。敵が恐れ民衆が生きる道を得ること、これが義兵の存在し隆盛する理由である。だから古の至徳の兵は、軍の態勢がすっかり揃わないのに、その威力は十分敵に知れわたって、敵は降伏した。どうして戦争のためのばちや鼓、矛や盾を必要としようか。だからよく威圧する者は、その威力を行使しない状態をいかにも奥深くて先が見えないようにして、相手にこちらの態勢が見抜けないようにする。こういう者こそ真に威力ある者のあり方というのである。（仲秋紀　論威）

凡そ兵は、天下の凶器なり。勇は、天下の凶徳なり。凶器を挙げ、凶徳を行うは、猶お已むを得ざればなり。凶器を挙ぐれば必ず殺す。殺すは、之を生かす所以なり。凶徳を行えば必ず威す。威すは、之を慴れしむる所以なり。敵慴れ民生く、此れ義兵の隆んなる所以なり。故に古の至兵は、士民未だ合せざるに、威已に諭われ、敵已に服す。豈必ず枹鼓干戈を用いんや。故に善く威を諭うものは、その未だ発せざるに於けるや、その未だ通ぜざるに於けるや、窅窅乎として冥冥にして、その情を知ること莫からしむ。此れを之れ至威の誠と謂う。

凡兵、天下之凶器也。勇、天下之凶徳也。挙凶器、行凶徳、猶不得已也。挙凶器必殺。殺、所以生之也。行凶徳必威。威、所以慴之也。敵慴民生、此義兵之所以隆也。故古之至兵、士民未合、而威已諭矣、敵已服矣。豈必用枹鼓干戈哉。故善諭威者、於其未発也、於其未通也、窅窅乎冥冥、莫知其情。此之謂至威之誠。

◉慴れしむる——恐れさせること。◉諭わる——行と同じ。行われる。◉枹鼓——戦闘の合図のためのばちや鼓。◉干戈——干は盾、戈はほこ。武器のこと。◉窅窅——奥深く暗いこと。◉冥冥——暗くて見通しがきかないこと。

▼『老子』三十一章に「兵は不祥の器にして、君子の器に非ず。已むことを得ずして之を用うれば、恬淡なるを上と為す」とある。右の文もこれを十分承知したうえで、書かれている。

九〇　用兵の急務

いったい用兵は、すばやく行動して勝利を得るのがよい。すばやく行動して勝利を得る道は、軍の態勢をゆっくりのんびりととのえるのと素早く速やかなのとの相違を知ることにある。すばやく速やかな態勢づくりは、戦って勝利をおさめる原因である。しかし軍は同じ場所にじっと留まってはいけない。じっと留まってはいけないことを知ったならば、敵に包囲された死地からも兎のように疾走し鳧のように高翔して逃れることができる。このような軍は江河の険阻があっても凌いで乗りこえ、大山の障害があってもうち破って前進する。気持ちや精神を統一し、心に雑念はなく、目はわき見もせず、耳に雑音は入らない。エネルギーのすべてをただ戦闘の一点に集中する。以前、冉叔が生命がけで田侯を追いまわすと、斉国の人士はみな恐れ、予譲が智伯の仇を求めると、趙襄子の一族はみな恐れ、成荊が韓王に生命を投げ出すと周人はみな恐れた。個人でさえ生命がけの行為はこのようなのだから、まして万乗の大国が一つに凝集したならば、だれがあえてこの国に敵対しようか。そうなればおそらくは交戦せずに目的は達成されよう。敵人はすでに恐れおびえ、すっかり気力を消耗しつくし、みなぼうぜんと気が狂ってしまって、あたかも肉体と精神が分離して、歩いていても行き先がわからず、走っていても目的地を知らないといったありさまで、険阻な山川や要塞、鋭利な武器が揃っていても、心にここでがんばろうとかここを守ろうとする気迫がまるでない。これが夏の桀王が南巣の地で敗死した理由である。いまたとえば、木と木を打ち合わせれば打たれた木がくだけ、水を水の中に投げ入れれば散らばり、氷を氷の中に投げ入れれば氷を割って下に沈み、泥を泥の中に投げ入れればぽっかりと落ち込む。これが迅速と遅鈍、前と後とになるものの勢いの違いというものである。（仲秋紀　論威）

凡そ兵は急疾捷先ならんと欲す。急疾捷先ならんと欲するの道は、緩徐遅後と急疾捷先との分を知るに在るなり。急疾捷先は、此れ兵の勝ちを決する所以なり。而れども久しく処るべからず。その久しく処るべからざるを知れば、則ち死殙の地より兎起鳧挙するところを知る。江河の険ありと雖も則ち之を凌ぎ、大山の塞ありと雖も則ち之を陥し、気を幷せ精を専らにし、心に慮りあるなく、目は視ることあるなく、耳は聞くことあるなく、諸を武に一にするのみ。冉叔は必ず田侯に死せんことを誓いて、斉国皆懼れ、予譲は必ず襄子に死せんとして、趙氏みな恐れ、成荊死を韓王に致して、周人皆畏る。又況んや万乗の国にして、誠必するところあるにおいてをや。則ち何の敵か之れあらん。刃未だ接らずして欲すること已に得ん。敵人は悼懼憚恐し、精神を単蕩し尽くし、咸狂魄の若く、形性相い離れ、行きて之くところを知らず、走りて往くところを知らず、険阻要塞、銛兵利械ありと雖も、心敢えて拠るなく、意敢えて処るなし。此れ夏桀の南巣に死せし所以なり。今木を以て木を撃てば則ち拌け、水を以て水に投ずれば則ち散じ、氷を以て氷に投ずれば則ち沈み、塗を以て塗に投ずれば則ち陥る。此れ疾徐先後の勢いなり。

凡兵欲急疾捷先。欲急疾捷先之道、在於知緩徐遅後与急疾捷先之分也。急疾捷先、此所以決兵之勝也。而不可久処。知其不可久処、則知所見兎起鳧挙死殙之地矣。雖有江河之険則凌之、雖有大山之塞則陥之、幷気専精、心無有慮、目無有視、耳無有聞、一諸武而已矣。冉叔誓必死於田侯、而斉国皆懼、予譲必死於襄子、而趙氏皆恐、成荊致死於韓王、而周人皆畏。又況乎万乗之国、而有所誠必乎。則何敵之有矣。刃未接而欲已得矣。敵人之悼懼憚恐、単蕩精神尽矣、咸若狂魄、形性相離、行不知所之、走不知所往、雖有険阻要塞、銛兵利械、心無敢拠、意無敢処。此夏桀之所以死於南巣也。今以木撃木則拌、以水投水則散、以氷投氷則沈、以塗没塗則陥。此疾徐先後之勢也。

◉急疾――素早いこと。　◉捷先――速やかに行動して機先を制すること。　◉遅後――おくれること。　◉兔起――兔のようにすばやく走り逃れること。　◉鳧挙――かものように高く翔(と)んで逃れること。　◉死殙の地――死物の地、すなわち敵に包囲された死地のこと。　◉冉叔――古(いにしえ)の勇士。　◉予譲――戦国晋(しん)の人。智伯に事(つか)えて尊寵(そんちょう)され、のち趙襄子に亡(ほろ)ぼされると智伯のために復讎を図った。失敗し自尽(じじん)する。　◉成荊――古の勇士。　◉憚恐す――恐れること。　◉単蕩す――単は尽す、蕩は動かす。使いはたすこと。　◉形性――肉体と精神。　◉銛兵――するどい武器。　◉塗――泥と同じ。

九一　良卒と利器と能将

世間でよくいう。「市人をかり集めて戦っても、高給で訓練された士卒に勝つことができる。老人や力弱い者でも、精鋭で有力の兵士に勝つことができる。無宿ものや捕虜の集団でも隊伍をととのえた軍隊に勝つことができる。鋤の柄や木の棒でも、軍隊の長い矛や鋭い武器に打ち勝つことができる」と。これらは戦争というものをわかっていない者の言説である。いまここに鋭利な剣があるとする。その剣で人を刺そうとすればあたらず、斬ろうとすれば相手にとどかない。それでは悪剣を使っても同じことである。しかし、だからといって闘争に悪剣を使うのはよくない。訓練された兵卒を選び、武器も鋭利なものにしたが、その用兵は時宜に適さず、指図も当を得ない。これでは悪卒を動かしているのと変わりはない。だからといって戦争に悪卒を使うのはよくない。あの王子慶忌や陳年でさえも自分では使わないのに利剣を欲した。訓練された兵士を選び、武器は鋭利にし、秀れた将軍に軍隊を率いさせる。昔こうして王者となり、覇者となる者がいた。湯王・武王・斉の桓公・晋の文公・呉王闔閭らがそうである。（仲秋紀　簡選）

世に言ありて曰う。「市人を駆って之を戦わしむるも、以て人の厚禄教卒に勝つべく、老弱罷民も、以て人の精士練材に勝つべく、離散係絫も、以て人の行陣整斉に勝つべく、鋤櫌白梃も、以て人の長銚利兵に勝つべし」。此れ兵に通ぜざる者の論なり。今此に利剣あるも、以て刺せば則ち中らず、以て撃てば則ち及ばざれば、悪剣と択ぶことなし。是れが為に闘うに因りて悪剣を用うるは則ち不可なり。精良を簡選し、兵械銛利なるも、之を発すれば則ち時ならず、之を縦てば則ち当たらざれば、悪卒と択ぶことなし。是れが為に戦うに因りて悪卒を用うるは不可なり。王子慶忌、陳年すらも猶お剣の利なるを欲せり。精良を簡選し、兵械銛利にして、能将をして之を将いしむ。古以て王者たるあり、以て覇者たるあり。湯・武・斉桓・晋文・呉の闔閭是れなり。

世有言曰。駆市人而戦之、可以勝人之厚禄教卒、老弱罷民、可以勝人之精士練材、離散係絫、可以勝人之行陣整斉、鋤櫌白梃、可以勝人之長銚利兵。此不通乎兵者之論。今有利剣於此、以刺則不中、以撃則不及、与悪剣無択。為是闘因用悪剣則不可。簡選精良、兵械銛利、発之則不時、縦之則不当、与悪卒無択。為是戦因用悪卒則不可。王子慶忌、陳年猶欲剣之利也。簡選精良、兵械銛利、令能将将之。古者有以王者、有以覇者矣。湯、武、斉桓、晋文、呉闔閭是也。

◉市人——一般市民。◉教卒——訓練された兵卒。◉練材——訓練を積んだ戦士。◉鋤櫌——いずれもすき。◉離散——ばらばらでまとまりのない。烏合の衆、の意。◉係絫——捕虜。◉白梃——梃は杖。ただの棒、の意。◉長銚——長い戈。◉簡選す——選び出すこと。選抜すること。◉銛利——切れ味の鋭いこと。◉王子慶忌——呉王僚の子。要離に刺殺される。◉陳年——斉人。勇力を以て鳴る。◉王者——道徳力を以て支配する者。◉覇者——権力をもって支配する者。

九二　王者への道——殷の湯王

殷の湯王は、戦車七十台、決死の兵六千人を選んで戊子の日に夏の桀王と郕の地で戦い、桀の勇士推移と大犠の二人を捕虜とし、さらに鳴条に向かって前進し、巣門に到達して夏の都を占領した。桀はすでに逃走していた。そこで湯王はおおいに仁政を施して民衆をあわれみ、桀の暴虐の政治をやめて、賢良の臣下を挙げ用い、民意に従った。そこで遠近の諸侯も帰服し、かくして天下の王者となった。（仲秋紀　簡選）

殷湯良車七十乗、必死六千人、戊子を以て郕に戦い、遂に推移、大犠を禽とし、鳴条より登りて、乃ち巣門に入り、遂に夏を有す。桀既に奔走せり。是に於ておおいに仁慈を行い、以て黔首を恤み、桀の事を反し、その賢良を遂げしめ、民の喜ぶところに順う。遠近之に帰し、故に天下に王たり。

殷湯良車七十乗、必死六千人、以戊子戦於郕、遂禽推移、大犠、登自鳴条、乃入巣門、遂有夏。桀既奔走。於是行大仁慈、以恤黔首、反桀之事、遂其賢良、順民所喜。遠近帰之、故王天下。

◉良車――戦車のこと。◉必死――決死と同じ。◉戊子――戊子の日。◉推移・大犠――いずれも桀の臣。◉遠近――遠近の諸侯、の意。◉帰す――なつき従うこと。

九三　王者への道――周の武王

周の武王は近侍の勇士三千人、戦車三百台を選び、諸侯たちと甲子の日に牧野に落ち合って、殷を倒し紂王を虜とした。そこで殷の賢者を顕彰し、殷の遺老を進用し、民衆の欲し望むことをたずね、褒賞は公平であまねく、処罰は天子の紂にさえ与えられた。殷人も周人と同じく、他人も己れと同じに扱った。天下の者はあまねく周の徳を誉めたたえ、民衆のすべてが周の正義を歓迎した。こうして武王は天子となった。

（仲秋紀　簡選）

武王は虎賁三千人、簡車三百乗、以て甲子の事を牧野に要して紂禽となる。賢者の位を顕かにし、殷の遺老を進め、民の欲するところを問い、賞を行いては禽獣に及び、罰を行いては天子を避けず。殷に親しむこと周の如く、人を視ること己れの如くす。天下その徳を美とし、万民その義を説ぶ。故に立ちて天子と為る。

武王虎賁三千人、簡車三百乗、以要甲子之事於牧野而紂為禽。顕賢者之位、進殷之遺老、而問民之所欲、行賞及禽獣、行罰不避天子。親殷如周、視人如己、天下美其徳、万民説其義。故立為天子。

◉虎賁――近衛兵のこと。　◉簡車――良車と同じく、戦車のこと。　◉甲子――甲子の日。　◉説ぶ――悦に同じく、よろこぶこと。

九四　気力こそ勝敗のもと

いったい民衆は常に勇敢でもなく、常に臆病でもない。気力があれば精神は充実し、充実すれば勇敢になる。気力が失せれば精神も空虚となり、空虚であれば臆病になる。勇敢と臆病、精神の充実と空虚の原因はいたって微妙である。この点をよくわきまえねばならない。勇敢であればよく戦い、臆病であれば逃げ出す。戦って勝つのは勇気のある作戦による。戦って敗れるのは、臆病な作戦による。だが勇敢も臆病も一定してはいず、突然に来、また急に去るもので、どこから来、どこへ行くのかもわからず、ただ聖人だけがその真因を見抜いている。こういうわけで殷の湯王や周の武王は興隆し、夏桀・殷紂は亡び去った。作戦の巧拙がもたらした結果の差も、がんらいは民衆の気力を増大させる者と奪い去る者との相違や、民衆を上手に戦わせることができる者とできない者との相違であった。だから軍隊が大きく、士卒が多くとも、気力を奪い去っては勝利の足しにはならない。軍隊が大きく士卒が多いのに戦うことができないのなら、衆多であるよりは、むしろ士卒が寡少であることのほうがよい。いったい士卒の多さが幸運をもたらすことも大であるが、それが逆に災禍となるのもしばしばである。たとえば深淵で魚をとるように、大魚を釣り上げることもできるが、一面では危険も大きい。だから用兵をよくする者は、都市でも農村でもあらゆる民を戦闘に動員し、下僕や奴隷、武芸のない者でも数百里内に住む者はすべて戦闘に参加するようにする。その場の勢いがそうさせるのである。こうした勢いというの

は、民意の動向がよくわかって、これをうまく誘導したとき生まれるのである。（仲秋紀　決勝）

夫れ民に常勇なく、亦た常怯なし。気あれば則ち実ち、実つれば則ち勇なり。気なければ則ち虚しく、虚しければ則ち怯なり。怯勇虚実、その由は甚だ微なるも、知らざるべからず。勇ならば則ち戦い、怯ならば則ち北ぐ。戦いて勝つ者は、その勇を戦わす者なり。戦いて北ぐる者は、その怯を戦わす者なり。怯勇は常なく、儵忽往来して、その方を知るなく、惟だ聖人のみ独りその然る所以を見る。故に商、周以て興り、桀、紂以て亡ぶ。巧拙の相い過ぐる所以は、民の気を益すと民の気を奪うとに以り、能く衆を闘わすと衆を闘わすこと能わざるとに以る。軍は大なりと雖も、卒は多しと雖も、勝つに益なし。軍大卒多くして闘うこと能わざるは、衆はその寡きに若かざるなり。夫れ衆の福いたるや大、その禍たるや亦た大なり。之を譬うるに深淵に漁するが若し。その魚を得るや大なるも、その害たるや亦た大なり。善く兵を用いる者は、都鄙の内、与に闘わざるはなく、廝輿白徒と雖も、方数百里より、皆来りて会戦す。勢い之をして然らしむるなり。勢いは民の気を審らかにして以て之を覊誘するにあるなり。

夫民無常勇、亦無常怯。有気則実、実則勇。無気則虚、虚則怯。怯勇虚実、其由甚微、不可不知。勇則戦、怯則北。戦而勝者、戦其勇者也。戦而北者、戦其怯者也。怯勇無常、儵忽往来、而莫知其方、惟聖人独見其所由然。故商、周以興、桀、紂以亡。巧拙之所以相過、以益民気与奪民気、以能闘衆与不能闘衆。軍雖大、卒雖多、無益於勝。軍大卒多而不能闘、衆不若其寡也。夫衆之為福也大、其為禍也亦大。譬之若漁深淵。其得魚也大、其為害也亦大。善用兵者、都鄙之内、莫不与闘、雖廝輿白徒、方数百里、皆来会戦。勢使之然也。勢者、審於民気而有以轟誘之也。

◉北ぐ——逃亡する。◉儵忽——たちまち、疾(はや)いこと。◉廝輿——下僕たち。廝は薪(しん)をとる者、輿は駕(が)をかつぐ者。◉白徒——武芸のない者。◉轟誘す——誘い導くこと。

九五　相手の力を利用すること

およそ用兵は、その場の大勢に因循(いんじゅん)即応することを貴(とうと)ぶ。因循即応とは、敵の険(けん)阻(そ)に応じて自己の防衛線をつくり、敵の謀略に応じて自己の計画を立てることである。十分に敵に対応し、そのうえで工夫を加えれば、勝利は窮(きわ)めつくせず確実である。勝利が窮めつくせないものを神(しん)といい、神であればだれもこれに勝てない。いったい用兵は、勝つことができない態勢をつくることを貴ぶ。勝つことができない態勢はこちらにあり、勝とうとするのは相手にある。聖人は自分にあるものを大事にして、相手にあるものを欲したりはしない。だからこちらが勝つことができない態勢を守って、勝てる敵と戦えば軍隊が敗れることはない。いったい用兵の勝利というものは、敵の失敗による。敵の失敗をついて勝利をおさめる兵は、必ず隠密(おんみつ)に行動し、必ず目立つことなく、必ず力を蓄(たくわ)え集中する。隠密な者はあからさまな行動に勝ち、目立たぬ動きはあらわな作戦に勝つ。力を蓄えた者はばらばらな兵力に勝ち、集中した勢いは分散した戦力に勝つ。さまざまな爪牙(そうが)を用いて相手を倒す獣も、その角(つの)や牙(きば)を用いるときには、必ず身を伏せ隠密な行動をとる。こうして勝利を手にするのである。(仲秋紀　決勝)

凡(およ)そ兵はその因(よ)るを貴ぶなり。因るとは、敵の険に因りて以(もっ)て己(おの)れの固(かた)めと為(な)し、敵の謀(はかりごと)に因りて以て己れの事と為すなり。能(よ)く因ることを審(つまび)らかにして加うれば、勝ち則(すなわ)ち窮むべからず。勝ち窮むべからざる之(これ)を神と謂(い)い、神ならば則ち能く勝つべからざるなり。夫(そ)れ兵は、勝つべからざるを貴ぶ。勝つべからざるは己れに在(あ)り、勝つべきは彼(か)れに在り。聖人は己れに在るものを必として、彼れに在るものを必とせず。故に勝つべからざるの術を執り以て勝つべきの敵に遇う。此くの若くなれば則ち兵失なきなり。凡そ兵の勝つは、敵の失なり。失に勝つの兵は、必ず隠に必ず微に、必ず積に必ず摶らなり。隠ならば則ち闡に勝ち、微ならば則ち顕に勝ち、積ならば則ち散に勝ち、摶ならば則ち離に勝つ。諸の摶攫抵噬の獣、その歯角爪牙を用うるや、必ず卑微隠蔽に託す。此れ勝を成す所以なり。

凡兵、貴其因也。因也者、因敵之険以為己固、因敵之謀以為己事。能審因而加、勝則不可窮矣。勝不可窮之謂神、神則能不可勝也。夫兵、貴不可勝。不可勝在己、可勝在彼。聖人必在己者、不必在彼者。故執不可勝之術以遇可勝之敵。若此則兵無失矣。凡兵之勝、敵之失也。勝失之兵、必隠必微、必積必摶。隠則勝闡矣、微則勝顕。積則勝散矣、摶則勝離矣。諸摶攫抵噬之獣、其用歯角爪牙也、必託於卑微隠蔽。此所以成勝。

◉因る——状況に因り従うこと。　◉積——精力を蓄積すること。　◉摶らなり——もっぱらにする。　◉闡——明るいこと。　◉摶攫——たたき撲つこと。　◉抵噬——角でつき牙で噛むこと。

九六　秦の繆公の徳

むかし秦の繆公が馬車に乗って出游されたとき、馬車が壊れ、右がわの馬は佚走し、その土地の者が捕まえた。繆公が探しにいってみると土地の者たちは岐山の南麓でいまにもこの馬を料理するところであった。繆公はため息をついていった。「駿馬の肉を食べて、酒を飲まないとおそらく身体を悪くするよ」。そこで十分にかれらに酒を与えて立ち去った。それから一年、秦は晋と韓原に戦った。晋軍はすでに繆公の車を取り囲んでいた。晋の梁由靡は、繆公の馬車にとりついて左がわの馬を押さえにかかっていた。晋の恵公の護衛の路石は矛を振りたてて繆公の武具に斬りつけ、すでに六ヵ所も傷つけていた。そんなとき、土地の者でかつて繆公の馬の肉を岐山の南麓で食べた者三百余人が駆けつけ、繆公の馬車の周辺で懸命に戦った。結果は晋軍に大勝し、かえって晋の恵公を捕虜にして引きあげた。これこそ『詩経』にいう「君子に君となったならば公正な態度で臨み、臣下にそれぞれの持ち分を発揮させ、賤人に君となったならば寛裕な心で臨み、かれらのもちまえの力を振るわせよ」というものである。だから君主たるものどうして徳を施し、人を愛することにつとめないでおれようか。徳を施し人を愛すれば民衆は君主を親愛し、民衆が君主を親愛すれば、だれもが君主のために喜んで生命を投げ出してつくすのである。（仲秋紀　愛士）

昔、秦の繆公駕して車敗れ、右服失して埜人之を取る。繆公自ら往きて之を求むるに、埜人方に将に之を岐山の陽に食せんとするを見る。繆公歎じて曰わく、「駿馬の肉を食いて還た酒を飲まざれば、余その女を傷つけんことを恐る」。是に於て徧く飲ましめて去る。処ること一年、韓原の戦いを為す。晋人已に繆公の車を環り、晋の梁由靡已に繆公の左驂を扣えり。晋の恵公の右の路石椵を奮いて繆公の甲を撃ち、之に中ること已に六札なり。埜人の嘗て馬肉を岐山の陽に食いし者三百有余人、力を畢し繆公の為に疾く車下に闘い、遂におおいに晋に克ち、反って恵公を獲て以て帰る。此れ詩の所謂る「君子に君たれば則ち正にして、以てその徳を行わせ、賤人に君たれば則ち寛にして、以てその力を尽さしめよ」なるものなり。人主それ胡ぞ以て務めて徳を行い人を愛することなかるべけんや。徳を行い人を愛すれば則ち民その上に親しみ、民その上に親しめば則ち皆楽しみてその君の為に死せん。

昔者秦繆公駕而車敗、右服失而埜人取之。繆公自往求之、見埜人方将食之於岐山之陽。繆公歎曰、食駿馬之肉而不還飲酒、余恐其傷女也。於是徧飲而去。処一年、為韓原之戦。晋人已環繆公之車矣、晋梁由靡已扣繆公之左驂矣。晋恵公之右路石奮椵而撃繆公之甲、中之者已六札矣。埜人之嘗食馬肉於岐山之陽者三百有余人、畢力為繆公疾闘於車下、遂大克晋、反獲恵公以帰。此詩之所謂、君君子則正、以行其徳、君賤人則寛、以尽其力者也。人主其胡可以無務行徳愛人乎。行徳愛人則民親其上、民親其上則皆楽為其君死矣。

◉秦の繆公――秦の穆公と同じ。春秋五覇の一人。◉右服――このころの馬車は四頭立てで、中央の二馬を「服馬」といい、その外がわの二馬を「驂馬」という。したがって右服は内がわの右の馬のこと。◉失す――佚と同じ。逸走すること。◉還た――復と同じ。◉扣えり――持つこと。◉右――車右のこと。君主の護衛の兵の意。◉殳――ほこ。

九七　らばの肝

趙簡子は二匹の白いらばをたいそう可愛がっていた。陽城胥渠は広門という村里に住んでいたが、ある夜趙簡子の門を叩いて面会を求め、いった。「主君の家臣である胥渠は申し上げます。わたくしは、いま病んでおります。医者が申すには、『白いらばの肝を薬にすれば癒るが、そうしなければ助からない』とのことであります」。取り次ぎの者はこれを伝えた。家臣の董安于は側近にいて怒っていった。「ああ、胥渠のやつ、主君のらばの肝をねらっている。すぐにかれを処刑しましょう」。簡子はいった。「いったい人を殺して畜生を活かすのは、何とも不仁なことではないか。畜生を殺して人を活かすのは、何とも仁愛なことではないか」。そこで料理人を召し出すと白いらばを殺し、その肝を取り出して陽城胥渠に与えた。それからまもなくのこと、趙は軍事行動を起こして中山の狄を攻めた。そのとき白いらばの肝を食べた広門の村里の左右の住人七百人ずつが、先を争って城に攻め登り敵の精兵を倒した。こういうことからも君主は士を愛さずにいられないことがよくわかるであろう。（仲秋紀愛士）

趙簡子は両白騾を有して甚だ之を愛せり。陽城胥渠広門の閭に処り、夜門を款きて謁して曰わく、「主君の臣胥渠疾あり、医之に教えて曰わく、『白騾の肝を得れば病則ち止えん、得ざれば則ち死す』」。謁者入り通ず。董安于側に御し、慍りて曰わく、「譆、胥渠や、吾が君の騾を期む。請う即いて焉を刑せん」。簡子曰わく、「夫れ人を殺して以て畜を活かすは、亦た不仁ならずや。畜を殺して以て人を活かすは、亦た仁ならずや」。是に於て庖人を召して白騾を殺し、肝を取りて以て陽城胥渠に与う。処ること幾何もなく、趙兵を興して翟を攻む。広門の閭の左七百人、右七百人、皆先登して甲首を獲たり。人主それ胡んぞ以て士を好まざるべけんや。

趙簡子有両白騾而甚愛之。陽城胥渠処広門之閭、夜款門而謁曰、主君之臣胥渠有疾、医教之曰、得白騾之肝病則止、不得則死。謁者入通。董安于御於側、慍曰、譆、胥渠也、期吾君騾。請即刑焉。簡子曰、夫殺人以活畜、不亦不仁乎。殺畜以活人、不亦仁乎。於是召庖人殺白騾、取肝以与陽城胥渠。処無幾何、趙興兵而攻翟。広門之閭、左七百人、右七百人、皆先登而獲甲首。人主其胡可以不好士乎。

◉白騾——白いらば。◉閭——村里。◉謁者——取り次ぎの者。◉慍る——怒と同じ。◉庖人——料理人。◉翟——狄と同じ。

九八　政治は民心を得ること——殷の湯王

むかし殷の湯王は夏の桀王に勝って天下に君となったが、旱天がうち続いて五年の間収穫がなかった。そこで湯王はみずから雨乞いを桑山の林で行い、天にこう祈願した。「わたしに罪があるのなら民衆にその責任をおしつけないでください。民衆に罪があるのならわたしが責めを負いましょう。わたし個人の無能のせいで上帝や鬼神が民衆の生命を脅やかすようなことがございませんように」。髪を翦り爪を切ってみずからを犠牲にして民衆の幸福を上帝に祈った。民衆はこの行為を知ると感動し、それが天にも伝わって雨はおおいに降った。すなわち湯王は鬼神の心を変えさせることにも人間の心の機微にもともに通じていたのである。（季秋紀　順民）

昔、湯夏に克ちて天下を正す。天おおいに旱し、五年収まらず。湯乃ち身を以て桑林に禱りて曰わく、「余一人罪あらば、万夫に及ぶことなかれ。万夫に罪あらば、余一人に在り。一人の不敏を以て、上帝鬼神をして民の命を傷わしむることなかれ」。是に於てその髪を翦り、その手を磨き、身を以て犠牲となり、用って福を上帝に祈る。民乃ち甚だ説び、雨乃ちおおいに至る。則ち湯は鬼神の化、人事の伝に達するなり。

昔者湯克夏而正天下。天大旱、五年不収。湯乃以身禱於桑林、曰、余一人有罪、無及万夫。万夫有罪、在余一人。無以一人之不敏、使上帝鬼神傷民之命。於是翦其髪、磨其手、以身為犠牲、用祈福於上帝。民乃甚説、雨乃大至。則湯達乎鬼神之化、人事之伝也。

◉桑林――桑山の林。よく雲を興し雨を降らすという。◉余一人――天子の自称。◉不敏――不材・無能をいう。◉伝――もっとも微妙なところ。機微。

九九　政治は民心を得ること——周の文王

周の文王は岐の地方にいて殷の紂王によく仕え、侮られてもいつもへりくだった態度をとり、朝夕の挨拶も時を失することなく、三年ごとの貢士もきちんと行い、殷の祭祀にも恭敬の心を尽くした。紂王は喜んで文王を西伯、すなわち西方の覇者とたたえ、千里四方の土地を賜与した。文王はていねいに挨拶をしたうえで土地を辞退し、いった。「どうか民衆のために残酷な炮烙の刑をお止めください」。文王はけっして千里四方の土地を嫌って、民衆のために炮烙の刑を止めることを願ったのではない。実はこれによって民衆の心をつかみたいと思ったのである。民心を得ることは千里四方の土地を得るよりももっとすばらしいことだからである。だから文王は智者だといわれるのである。（季秋紀　順民）

文王岐に処り紂に事え、冤侮せらるるも雅遜に、朝夕必ず時にし、貢士必ず適し、祭祀には必ず敬す。紂喜び、文王に命じて西伯と称せしめ、之に千里の地を賜う。文王載ち拝稽首して辞して曰わく、「願わくは民の為に炮烙の刑を去らんことを請う」。文王は千里の地を悪みて、以て民の為に炮烙の刑を去らんことを請いしに非ざるなり。必ず民心を得んと欲すればなり。民心を得るは、千里の地より賢る。故に曰わく文王は智なり。

文王処岐事紂、冤侮雅遜、朝夕必時、貢士必適、祭祀必敬。紂喜、命文王称西伯、賜之千里之地。文王載拝稽首而辞曰、願為民請去炮烙之刑。文王非悪千里之地、以為民請去炮烙之刑。必欲得民心也。得民心則賢於千里之地。故曰文王智矣。

◉冤侮す——ないことをいって侮辱する。◉雅遜——おだやかでへりくだる。◉貢士——諸侯は三年に一人ずつ人材を中央政府にさし出す、その制度のこと。◉拝稽首——ていねいなお辞儀のこと。◉炮烙の刑——火あぶりの刑の一種。

▼『韓非子』「難二篇」にこの話があり、末尾で孔子が文王の仁愛を称讃している。右の文で「故曰文王智矣」というのは、『韓非子』での孔子のことばにもとづいている。

一〇〇　静郭君よく人を知る

静郭君田嬰は客の剤貌弁を優待していた。剤貌弁の性格は他人を批評することが多いので静郭君の食客たちはかれを喜ばなかった。士尉はこのことで静郭君を諫めたが聴き入れられず、かれは職を辞して立ち去った。孟嘗君も折をみて父親である静郭君を諫めた。静郭君は立腹していった。「もうたくさんだ、何もいうな。わたしの家のもので少しでも剤貌弁が満足するものがあれば、それをかれに与えてわたしは少しも惜しいなどとは思わないのだ」。そういうとかれを上等の客間に泊らせ、長男に世話をみさせ、朝な夕なに食事をすすめた。数年して、斉の威王は逝去し、その子の宣王が即位した。静郭君と宣王とは平素仲がよくなかった。そこで辞職して自分の領地である薛にかえり、剤貌弁も同行した。薛に留まってそう間もないころ、剤貌弁は静郭君に別れを告げて斉に行き、宣王に会うといい出した。静郭君はいった。「宣王はわたしをひどく忌み嫌っています。もしあなたが出かけていけばきっと殺されますよ」。剤貌弁は答えた。「もとより生命を惜しむものではありません」。どうしても行くといい張って、静郭君も制止できなかった。（季秋紀　知士）。

静郭君は剤貌弁に善し。剤貌弁の人と為りや訾多く、門人説ばず。士尉以て静郭君を諫むれども、静郭君聴かず、士尉辞して去る。孟嘗君窃かに以て静郭君を諫む。静郭君おおいに怒りて曰わく、「而の類を剗せ。吾が家を揆るに、苟も以て剤貌弁を慊らしむべきものあらば、吾れ辞することを為すなきなり」。是に於て之を上舎に舎せしめ、長子をして御せしめ、朝暮に食を進む。数年にして、威王薨じ、宣王立つ。静郭君の交わりや、おおいに宣王に善しからず。辞して薛に之き、剤貌弁と倶にす。留まること幾何もなくして、剤貌弁辞して行きて、宣王に見えんことを請う。静郭君曰わく、「王の嬰を説ばざるや甚し。公往かば、必ず死を得ん」。剤貌弁曰わく、「固より生を求むるものに非ざるなり」。必ず行かんことを請い、静郭君も止むること能わず。

静郭君善剤貌弁。剤貌弁之為人也多訾、門人弗説。士尉以証静郭君、静郭君弗聴、士尉辞而去。孟嘗君窃以諫静郭君。静郭君大怒曰、剗而類。揆吾家、苟可以慊剤貌弁者、吾無辞為也。於是舎之上舎、令長子御、朝暮進食。数年、威王薨、宣王立。静郭君之交、大不善於宣王。辞而之薛、与剤貌弁倶。留無幾何、剤貌弁辞而行、請見宣王。静郭君曰、王之不説嬰也甚。公往、必得死焉。剤貌弁曰、固非求生也。請必行、静郭君不能止。

◉静郭君——静郭君田嬰のこと。雞鳴狗盗で有名な孟嘗君の父。◉剤貌弁——静郭君のところに寄食していた客の一人。◉訾——批評や非難。◉証む——諫と同じ。◉剗す——滅亡する。◉揆る——はかる、考える。◉慊らしむ——満足させる。◉威王・宣王——斉の君主。学問愛好者としても有名で、戦国末の斉の稷下の学者たちのパトロンであった。

剤貌弁は斉の国に到着した。宣王はかれが来たことを聞き知ると内心で腹を立てながら応待した。剤貌弁が御目通りをすると宣王はいった。「あなたが静郭君が愛し、また何でもあなたに聞き従うという人なのか」。剤貌弁は答えた。「愛されてはおりますが、わたしに聞き従うということはありません。たとえば王さま、あなたがまだ太子であったとき、わたしは静郭君に申しました。『太子の容貌は不仁の相です。あごは大きすぎ上目づかいにものを見ます。このような人は裏切りやすいのです。太子を換えて改めて衛姫の子どもの校師を立てたほうがよいでしょう』。静郭君は涙を流していいました。『それは駄目だ。わたしには忍びないことだ』。まことに静郭君がわたしの意見に従ってことを運んでいたならば、必ず今日のような事態はなかったでしょう。これが理由の一つ。わたしたちが薛に着くと、楚の相昭陽は、数倍の広さの土地と薛とを交換したいと申し入れてきました。そこで、わたしはまたいいました。『了承すべきです』。静郭君は答えました。『この薛の土地は先君の威王から頂戴したものだ。たとえ現在の君主と仲違いしていようとも、手離しては先君に何とも申し訳ない。まして先君の宗廟はこの薛の地にある。どうして先君の宗廟を楚の国に与えることができよう』。再びかれはわたしの意見に従いませんでした。これが二番目の理由です」。この話を聞くと、宣王は歎息し、顔色を改めていった。「静郭君はわたしに対してこれほどまでにしてくださったのですか。わたしは年若く、まったく何も知りませんでした。どうかあなたはわたしのために静郭君をこの地に呼び戻してください」。剤貌弁は答えた。「承知致しました」。静郭君が来たとき、かれは威王から賜与(しよ)された衣服を着、冠をつけ、剣を帯(お)びていた。宣王はみずから静郭君を郊外に出迎え、遠望すると感動して涙を流した。静郭君が斉の国に着くと、宣王はかれに大臣への就任を頼んだ。静郭君は辞退したが、やむをえず承諾した。十日ほどして病気を理由に強く辞任を申し出た。三日ほどして聞きとどけられた。思えばあの状況の中で、静郭君はまことによく人物を見抜いていたというべきである。よく人物を見抜いていたからこそ他人が非難しようとも惑(まど)わされることがなかったのである。これこそ剤貌弁が自分の生命を度外視して喜んで難局に立ち向かっていった理由なのである。(季秋紀　知士)

剤貌弁行きて斉に至る。宣王之(これ)を聞き、怒りを蔵(かく)して以て之を待つ。剤貌弁見(まみ)ゆ。宣王曰(い)わく、「子(し)は静郭君の聴愛するところか」。剤貌弁答えて曰わく、「愛ならば則(すなわ)ち之(これ)あるも、聴ならば則ち有るなし。王方(まさ)に太子たるの時、弁静郭君に謂(い)いて曰わく、『太子の不(ふ)仁(じん)なる過頤豕視(かいしし)す。是(か)くの若(ごと)きものは倍反(ばいはん)す。太子を革(あらた)めて、更(あらた)めて衛姫の嬰児(えいじ)校師を立つるに若かず』。静郭君泫きて曰わく、『不可なり。吾れ為すに忍びざるなり』。且つ静郭君弁に聴きて之を為さば、必ず今日の患いなからん。此れ一たるなり。薛に至るや、昭陽数倍の地を以て薛に易えんことを請う。弁又曰わく、『必ず之を聴かん』。静郭君曰わく、『薛を先王より受く、後王に悪しと雖も、吾れ独り先王に何とか謂わんや。且つ先王の廟薛に在り。吾れ豈に先王の廟を以て楚に予うべけんや』。又肯て弁に聴かず。此れ二たるなり」。宣王太息し、顔色を動かして曰わく、「静郭君の寡人に於ける一に此に至れるか。寡人少くして殊て此れを知らず。客肯て寡人のために静郭君を来さんか」。剤貌弁答えて曰わく、「敬しんで諾す」。静郭君の来るや、威王の服を衣、その冠を冠り、その剣を帯ぶ。宣王自ら静郭君を郊に迎え、之を望みて泣く。静郭君至らば、因りて之を相とせんことを請う。静郭君辞するも、已むを得ずして受く。十日にして病と謝し、彊いて辞す。三日にして聴かる。此の時に当たれるや、静郭君能く自ら人を知ると謂うべし。能く自ら人を知る、故に之を非とするも阻むことを為さず。此れ剤貌弁の生を外にし楽しんで患難に趨きし所以の故なり。

剤貌弁行、至於斉。宣王聞之、蔵怒以待之。剤貌弁見。宣王曰、子、静郭君之所聴愛也。剤貌弁答曰、愛則有之、聴則無有。王方為太子之時、弁謂静郭君曰、太子之不仁、過頤豕視。若是者倍反。不若革太子、更立衛姫嬰児校師。静郭君泫而曰、不可。吾不忍為也。且静郭君聴弁而為之也、必無今日之患也。此為一也。至於薛、昭陽請以数倍之地易薛。弁又曰、必聴之。静郭君曰、受薛於先王、雖悪於後王、吾独謂先王何乎。且先王之廟在薛。吾豈可以先王之廟予楚乎。又不肯聴弁。此為二也。宣王太息、動於顔色、曰、静郭君之於寡人一至此乎。寡人少、殊不知此。客肯為寡人来静郭君乎。剤貌弁答曰、敬諾。静郭君来、衣威王之服、冠其冠、帯其剣。宣王自迎静郭君於郊、望之而泣。静郭君至、因請相之。静郭君辞、不得已而受。十日、謝病、彊辞。三日而聴。当此時也、静郭君可謂能自知人矣。能自知人、故非之弗為阻。此剤貌弁之所以外生、楽趨患難故也。

◉過頤——あごの大きすぎること。◉豕視す——上目づかいにものを視ること。◉倍反す——そむき裏切ること。◉寡人——諸侯の自称。

一〇一　なぜ的（まと）にあたるのか

列子（れっし）はかつて弓術を学び弓を射（い）るとよく的にあたった。そこでどうして的にあたるのかを先生の関尹（かんいん）にたずねた。関尹はいった。「お前は的にあたる真の理由がわかるかね」。列子は答えた。「わかりません」。関尹はいった。「まだまだだな」。列子は退（しりぞ）

いてさらに三年の間弓術を学び、再びたずねた。関尹はいった。「お前は的にあたる真の理由がわかったかね」。列子は答えた。「わかりました」。関尹はいった。「よろしい。この道理を守って忘れてはいけない」。思えば弓術の世界だけがこうなのではない。国家の存立も滅亡も、自身の賢明な行為も愚行も、すべてこうした理由が根底に存在しているのである。だから聖人はうわべの存亡や賢不肖を問題としないで、こうなった真の理由こそ何かを知ろうとつとめるのである。（季秋紀　審己）

子列子常て射りて中れり。之を関尹子に請う。関尹子曰わく、「子の中る所以を知るか」。答えて曰わく、「知らざるなり」。関尹子曰わく、「未だ可ならず」。退きて之を習うこと三年にして、又請う。関尹子曰わく、「子は子の中る所以を知るか」。子列子曰わく、「之を知れり」。関尹子曰わく、「可なり。守りて失うこと勿れ」。独り射のみに非ざるなり。国の存するや、国の亡ぶるや、身の賢なるや、身の不肖なるや、亦た皆以あるなり。聖人は存亡賢不肖を察せずして、その所以を察するなり。

子列子常射中矣。請之於関尹子。関尹子曰、知子之所以中乎。答曰、弗知也。関尹子曰、未可。退而習之三年、又請。関尹子曰、子知子之所以中乎。子列子曰、知之矣。関尹子曰、可矣。守而勿失。非独射也。国之存也、国之亡也、身之賢也、身之不肖也、亦皆有以。聖人不察存亡賢不肖、而察其所以也。

◉列子――名は御寇。鄭の人。前四世紀初めに活躍する。道家の思想家。「虚を貴ぶ」と評される。◉関尹子――老子の弟子で列子の師。名は喜。「清を貴ぶ」といわれる。

一〇二　信念は曲げられない

斉は魯の国を攻め、和平の条件に魯の宝である岑鼎を要求した。魯君は別の鼎を斉に送った。斉侯は信用せずに送り返し、偽ものだと主張した。そして人を通じて魯君にいわせた。「魯の国にいる柳下季が本ものだと保証するなら受け取りましょう」。魯君は柳下季に頼んだ。柳下季は答えた。「君が賄賂を使うのは、そのねらいは岑鼎を保有するためですか。それとも魯の国を侵略から守るためですか。わたくしも守るべきわたくしの国をもっております。ですからまずわたくしの国を破って君の国を保全しろといわれても、わたくしとしてはそれは至難なことなのです」。そこで魯君もやむなく本ものの岑鼎を斉に送った。以上のことから柳下季はよく君主を説得したということができる。それはみずからの国、すなわちみずからの信念を全うしたばかりで

なく、魯君の国をも保全したからである。(季秋紀　審己)

斉魯を攻め、岑鼎を求む。魯君他の鼎を載せて以て往く。斉侯信ぜずして之を反し、以て非と為す。人をして魯侯に告げしめて曰わく、「柳下季以て是と為さば、請う因りて之を受けん」。魯君、柳下季に請う。柳下季答えて曰わく、「君の賂するは、岑鼎を以てするか。以て国を免れしめんと欲するか。臣も亦た此に国あり。臣の国を破りて以て君の国を免れしめるは、此れ臣の難しとするところなり」。是に於て魯君乃ち真の岑鼎を以て往けり。且れ柳下季は此れを能く説けりと謂うべきなり。独り己れの国を存するのみに非ずして、又能く魯君の国を有すればなり。

斉攻魯、求岑鼎。魯君載他鼎以往。斉侯弗信而反之、以為非。使人告魯侯曰、柳下季以為是、請因受之。魯君請於柳下季。柳下季答曰、君之賂、以岑鼎也。以欲免国也。臣亦有国於此。破臣之国以免君之国、此臣之所難也。於是魯君乃以真岑鼎往也。且柳下季可謂此能説矣。非独存己之国也、又能有魯君之国。

◉岑鼎——魯の宝物。崇鼎・讒鼎ともいわれる。　◉柳下季——春秋、魯の人。本名は展禽。字は季。柳下に食邑をもち、恵と諡されたので、通常は柳下恵という。孟子に「聖の和なるもの」といわれる。

一〇三　公玉丹の不忠

斉の湣王は国を逐われ、衛の国に亡命していた。昼どきに散歩しながら側近の公玉丹にたずねた。「わたしはいま亡命しているが、その理由がわからない。いったいどうしてこうなったのであろうか。わたしはもう終わりなのだろうか」。公玉丹は答えた。「わたくしは王がすでにおわかりかと存じておりました。あなたは本当にまだご存知ないのですか。王さまが亡命せざるをえなかった理由は、あなたの賢さにありま す。天下の諸侯王たちはみな愚かで、あなたの賢さを憎み、そこで寄ってたかって王さまを攻めたてたのです。これが王さまの亡命せざるをえなかった理由です」。湣王はがっかりして溜息をついていった。「賢いことはこれほどに苦痛なものなのか」。これはやはり湣王がこうなった道理をわかっていないことを示している。またこれは公玉丹の不忠さを示すものでもある。（季秋紀　審己）

斉の湣王亡げて衛に居る。昼日歩足し、公玉丹に謂いて曰わく、「我れ已に亡せるもその故を知らず。吾れの亡する所以のものは、果たして何の故ぞや。我れあたれるのみ」。公玉丹答えて曰わく、「臣以うに王は已に之を知れりと為せり。王故に尚お未だ之を知らざるか。王の亡せし所以のものは、賢を以てなり。天下の王は皆不肖にして、王の賢なるを悪み、因りて相い与に兵を合して王を攻む。此れ王の亡せし所以なり」。湣王慨焉として太息して曰わく、「賢なること固より是くの若くそれ苦なるか」。此れ亦たその所以を知らざるなり。此れ公玉丹の過つ所以なり。

斉湣王亡居於衛。昼日歩足、謂公玉丹曰、我已亡矣、而不知其故。吾所以亡者、果何故哉。我当已。公玉丹答曰、臣以王為已知之矣。王故尚未之知邪。王之所以亡也者、以賢也。天下之王皆不肖、而悪王之賢也、因相与合兵而攻王。此王之所以亡也。湣王慨焉太息曰、賢固若是其苦邪。此亦不知其所以也。此公玉丹之所以過也。

◉斉の湣王——斉の宣王の子で、暴虐無道であった。前二四八年、燕・秦・楚の連合軍に敗れて衛に亡命する。　◉歩足す——散歩する。　◉慨焉として——うれい悲しむこと。

一〇四　誠実さの力

楚(そ)の養由基(ようゆうき)は野獣の兕(じ)と見誤って石を射(い)たが、矢は石に中(あた)ると矢羽(やばね)まで呑(の)みこむほど深く突きささった。それはほんとうに兕だと思って一念こめて射たからである。伯楽(はくらく)は馬の良否を見分けることを学び、見るものすべてが馬に見えるようになった。それは馬に心から打ち込んだからである。宋(そう)の料理人である庖丁(ほうてい)は、巧(たく)みに牛を解体したが、見るものすべてが牛に見え、三年すると牛は手足ばらばらに見えるようになってきた。解体用の刀はすでに十九年も使いふるしてきたが、刃は研(と)ぎたてであるかのように刃こぼれひとつなかった。それは牛の筋肉や骨の筋目に従って刀を入れてきたからであり、牛に一念込めて向かい合ってきたからである。鍾子期(しょうしき)は夜、磬(けい)という楽器の音色(ねいろ)を聞いて悲しみを感じ、人をやって磬を打つ者を呼ばせ、たずねていった。「あなたの磬の音色は何でそんなに悲しいのか」。答えていう。「わたしの父は不幸にして人を殺し、刑死しました。母は刑は免(まぬが)れ生きてはおりますが、奴婢(ぬひ)となり酒造りの仕事をしています。わたしも刑を免れて生きておりますが、主人のために磬を打つ身分です。わたしは母に三年も会っておりません。以前、市場に行き、そこで母を見かけ、何とか母を自由にし、引き取りたいと考えましたが、財力がありません。わたしの身も主人のものです。どうにもならない身の上を悲しんでいるのです」。鍾子期は溜息(ためいき)をついていった。「悲しいことだ。悲しいことだ。人の心は臂(ひじ)ではない。

臂はまた磬を打つ椎でもなければ石でもない。しかし悲しみが心にあると、木石つまり磬の音色に反応して悲しい音を出すのだ」。このように、こちらがものごとに誠実であれば、それはおのずと外に感じあらわれ、自分に感動するものがあれば、しぜんと人にも影響するのである。どうして強いて説きまわる必要があろうか。（季秋紀精通）

養由基兕を射、石に中り、矢乃ち飲羽す。兕に誠なればなり。伯楽馬を相ることを学び、見るところ馬に非ざるものなし。馬に誠なればなり。宋の庖丁好みて牛を解き、見るところ牛に非ざるものなし。三年にして全牛を見ず、刀を用いること十九年にして、刃は新たに鄭研せるが若し。その理に順い、牛に誠なればなり。鍾子期、夜磬を撃つ者を聞いて悲しみ、人をして召して之に問わしめて曰わく、「子何ぞ磬を撃つことの悲しきや」。答えて曰わく、「臣の父不幸にして人を殺し、生を得ず。臣の母生を得たるも公家の為に酒を為る。臣の身生を得るも公家の為に磬を撃つ。臣、臣の母を覩ざること三年なり。昔に舎市に為きて臣の母を覩、之を贖う所以を量るに則ち財なく、而も身は固より公家の有なり。是の故に悲しむなり」。鍾子期歎嗟して曰わく、「悲しいかな、悲しいかな。心は臂に非ず、臂は椎に非ず石に非ざるなり。悲しみ心に存して木石之に応ず」。故に君子此に誠あれば彼に諭れ、己れに感ずれば人に発す。豈に必ずしも彊説せんや。

養由基射兕、中石、矢乃飲羽。誠乎兕也。伯楽学相馬、所見無非馬者。誠乎馬也。宋之庖丁好解牛、所見無非牛者。三年而不見全牛、用刀十九年、刃若新劘研。順其理、誠乎牛也。鍾子期夜聞撃磬者而悲、使人召而問之曰、子何撃磬之悲也。答曰、臣之父不幸而殺人、不得生。臣之母得生、而為公家為酒。臣之身得生、而為公家撃磬。臣不覩臣之母三年矣。昔為舎市覩臣之母、量所以贖之則無財、而身固公家之有也。是故悲也。鍾子期歎嗟曰、悲夫、悲夫。心非臂也、臂非椎非石也。悲存乎心而木石応之。故君子誠乎此而諭乎彼、感乎己而発乎人。豈必彊説乎哉。

◉養由基——春秋、楚の大夫。弓の名人。百歩離れて柳の葉を射て百発百中であったという。◉兕——野牛の一種、水牛に似て大きい。◉飲羽——矢が深く食い込んで羽にまで至ること。◉見るところ……——眼中、馬以外の何ものもなかった。◉庖丁——名料理人。ここでの話は、『荘子』「養生主篇」の庖丁説話をもととしている。◉劘研す——砥石にかけること。◉鍾子期——春秋、楚の人。伯雅の琴の演奏を聞いて、その心を知ったというはなしで有名。◉磬——石でできた打楽器の一種。◉生を得ず——死刑に処せられた。　◉公家——政府や朝廷のことだが、ここでは広く主人の家ほど、の意。

一〇五　骨肉の親

周に中喜という者がいて、母と生き別れた。あるとき乞食が門下で歌うのを聞いていると悲しみがあふれ、それが顔色にまであらわれた。そこで門番に命じて歌っていた乞食を家に入れ、みずから会ってたずねた。「どうして物乞いをしているのか」。この乞食と話していると、何とそれは実の母であった。そもそも父母と子ども、子どもと父母との間は、もともと一体であるものが二つに分かれ、同気のものが分離したのである。草花に華や実があるように、樹木に根や芯があるように、この二つは場所は違っても互いに通じ合い、憂え痛む心は互いにとどき通じ、痛み苦しみは互いに救け合い、悩みや心配ごとは互いに感じ合い、生きているときは互いに歓び、死ねば互いに哀れみ合う。これが肉親の間の愛情というものである。だから霊妙な思いが心の奥底から発出し、人々の心に感応して、二つの精神がそこで結ばれるのである。どうしてことばによる説明など必要であろうか。（季秋紀　精通）

周に申喜なる者ありて、その母を亡う。乞人の門下に歌うを聞きて之を悲しみ、顔色に動く。門者に謂いて乞人の歌う者を内れしめ、自ら見て焉に問いて曰わく、「何の故にして乞う」。之と語るに、蓋ちその母なり。故に父母の子に於けるや、子の父母に於けるや、一体にして両分、同気にして異息なり。草莽の華実あるが若く、樹木の根心あるが若きなり。処を異にすと雖も相い通じ、隠志相い及び、痛疾相い救い、憂思相い感じ、生きては則ち相い歓び、死しては則ち相い哀しむ。此れを之れ骨肉の親と謂う。神は衷より出で、而して心に応じ、両精相い得。豈に言を待たんや。

周有申喜者、亡其母。聞乞人歌於門下而悲之、動於顔色。謂門者内乞人之歌者、自見而問焉、曰、何故而乞。与之語、蓋其母也。故父母之於子也、子之於父母也、一体而両分、同気而異息。若草莽之有華実也、若樹木之有根心也。雖異処而相通、隠志相及、痛疾相救、憂思相感、生則相歓、死則相哀。此之謂骨肉之親。神出於衷、而応乎心、両精相得。豈待言哉。

◉亡う——生き別れる。　◉乞人——乞食。　◉門者——門番。　◉隠志——憂え痛む心。　◉両精——二つの精神であるが、ここでは父子や肉親のたましい、の意。

Ⅳ 冬の節

陰陽争い、諸生蕩く（うごく）
（冬の気が推移し、万物はじょじょに活動を開始する）

一〇六　立冬

この月は立冬に入る。立冬の日に先立つこと三日、太史はその旨を天子に告げて「某日が立冬です。徳は水の位にあります」という。天子は三日の間斎戒する。立冬の当日には、天子はみずから三公・九卿・大夫を引きつれて冬の気を北の郊外に出て迎える。王城へ帰ってから国事に死んだものを賞し、その遺族の妻子を憐れみ、ものを恵与する。（孟冬紀）

是の月や、立冬なるを以て、立冬に先だつ三日、太史之を天子に謁げて曰わく、「某日立冬、盛徳水に在り」と。天子乃ち斎す。立冬の日、天子親ら三公・九卿・大夫を率いて以て冬を北郊に迎う。還りて、乃ち死事を賞し、孤寡を恤れむ。

是月也、以立冬、先立冬三日、太史謁之天子曰、某日立冬、盛徳在水。天子乃斎。立冬之日、天子親率三公九卿大夫以迎冬於北郊。還、乃賞死事、恤孤寡。

◉死事を賞す――冬の殺気に従って殉死者に恩賞を賜うこと。　◉孤寡――遺族の妻子をさす。

一〇七　死は人の免(まぬが)れざるところ

はっきりと生の意義を知ることは、聖人の要務である。はっきりと死の意義を知ることは聖人の究極目的である。生の意義を知る者は、外物(がいぶつ)によって生を傷(そこな)わない。これを養生(ようせい)の道という。死の意義を知る者は、外物によって死を乱さない。これを安死(あんし)の道という。この二点は聖人だけが到達できる境地である。およそ天地の間に生をうけたものには、必ず死がおとずれ、それは不可避である。孝子がその親を大切に思い、愛情深い親がその子を可愛がって、何よりも愛するのは人の天性である。その大切に思い可愛いと思う者が死んだならば、その屍体(したい)を溝(みぞ)や谷間に棄(す)て去るのは、人情として忍びない。そこで死者を安葬(あんそう)するための葬礼が定められた。いわゆる葬とは隠(かく)し蔵(おさ)めるという意味で、愛情深い親や孝子が慎重に行ってきたものである。慎重にというのは、生きている人間の心をもって死者を葬(ほうむ)るということである。生きている人間の心をもつ者として考えるとき、いちばんよいことは葬後は移動せず発掘(はっくつ)しないことである。移動せず発掘しないために、いちばんよいことは墓中にかねめのものを埋(い)れないことである。これを重閉(じゅうへい)、よく蔵め閉じるという。（孟冬紀　節葬(せっそう)）

審(つまび)らかに生(せい)を知るは、聖人の要(よう)なり。審らかに死を知るは、聖人の極(きょく)なり。生を知る者は、物を以て生を害さず。養生の謂いなり。死を知る者は、物を以て死を害さず。安死の謂いなり。此の二つは、聖人の独り決するところなり。凡そ天地の間に生ずるものは、それ必ず死あり、免れざるところなり。孝子のその親を重んずるや、慈親のその子を愛するや、肌骨より痛しきは、性なり。重んずるところ愛するところの者、死して之を溝壑に棄つるは、人の情為すに忍びざるなり。故に葬送の義あり。葬とは、蔵なり、慈親孝子の慎むところなり。之を慎むとは、生人の心を以て死者の為に慮るなり。生人の心を以て死者の為に慮るや、動かすこと無きに如くなく、発すること無きに如くはなし。発すること無く動かすこと無きは、利すべきものある無きに如くはなし。則ち此れを之れ重閉と謂う。

審知生、聖人之要也。審知死、聖人之極也。知生也者、不以物害生。養生之謂也。知死也者、不以物害死。安死之謂也。此二者、聖人之所独決也。凡生於天地之間、其必有死、所不免也。孝子之重其親也、慈親之愛其子也、痛於肌骨、性也。所重所愛、死而棄之溝壑、人之情不忍為也。故有葬送之義。葬也者、蔵也、慈親孝子之所慎也。慎之者、以生人之心為死者慮也。以生人之心為死者慮、莫如無動、莫如無発。無発無動、莫加無有可利。則此之謂重閉。

◉決す――知ると同じ。　◉蔵――おさめること。　◉発す――墓を発掘されること。
◉利す――利益とする、それによって儲かること。

一〇八　だれのための葬式か

むかしの人で屍体を曠野深山に埋葬して安心する者がいた。むろん貴重な宝石や国宝を隠すというわけではない。いったい葬儀である以上屍体は蔵め隠さなければならない。埋葬の仕方が浅いと狐や狸が掘り起こして傷つけ、深すぎると地下水によって腐敗する。だからいったいに埋葬は必ず小高い丘をえらんで行われ、それによって狐や狸、地下水の湿気から守るのである。これはこれでよいのだが、さらに悪人や墓泥棒や戦乱による災厄のあることを忘れては、手ぬかりである。たとえばそれは盲人が道を歩いていて柱を避け、柱を避けたとたんに突き出している杙にぶつかってしまったようなものである。狐や狸、地下水、悪人、墓泥棒、戦乱の災厄等は、いわばこの杙の大きいものである。だから愛情深い親や孝行な子がこれらを避けられたならば、それは葬儀の真情を得たものである。内がわの棺や外がわの槨を堅固にするのは、虫けらどもの害を避けるためである。ところがいまの民間の風俗はおおいに乱れ、君主もますます奢侈になっている。その葬儀も死者のためを考えて行っているのではない。生きている者がその豪華さを自慢し合うためである。贅沢であればあるほど立派だと誉めそやし、質素な葬儀だとけちだと悪くいう。死者によかれと思って行うのではなくて、もっぱら生きている者、つまり家族がどう評判されるかばかり気にしている。これは愛情深い親、孝行な子どもの心ではない。父が死んでも孝行な子どもの親への敬愛は変わることがない。子どもが死んでも愛情深い親の子供への愛は衰えない。いったい愛する者尊敬する者を葬るのに、生きている者、つまりあとに残された家族が強く望んでいる方法で行おうとするが、いったいそういう仕方で死者の安息はどうなるのであろう、得られるのであろうか。（孟冬紀　節葬）

古の人曠野深山に蔵して安んずる者あり。珠玉国宝の謂いに非ざるなり。葬は蔵せざるべからず。葬浅ければ則ち狐狸之を抇り、深ければ則ち水泉に及ぶ。故に凡そ葬は必ず高陵の上に於てし、以て狐狸の患、水泉の溼を避く。此れ則ち善し。而れども姦邪盗賊寇乱の難を忘るるは、豈に惑わずや。之を譬うれば瞽師の柱を避くるや、柱を避けて疾く杙に触るるが若きなり。狐狸水泉姦邪盗賊寇乱の患は、此れ杙の大なるものなり。慈親孝子の之を避くる者は、葬の情を得たり。棺槨を善くするは、螻蟻蛇虫を避くる所以なり。今世俗おおいに乱れ、人主愈いよ侈なり。その葬には則ち心死者の為に慮るに非ざるなり。生者以て相い矜尚するなり。侈靡なるもの以て栄と為し、節倹なるもの以て陋と為す。死に便するを以て故と為さずして、徒だ生者の誹誉を以て務めと為す。此れ慈親孝子の心に非ざるなり。父死すと雖も、孝子の之を重んずること怠らず、子死すと雖も、慈親の之を愛すること懈まざるなり。夫れ愛するところ重んずるところの者を葬るに、生者の甚だ欲するところのものを以てす。その以て之を安んずるや、之を若何せんや。

古之人有蔵於曠野深山而安者矣。非珠玉国宝之謂也。葬不可不蔵也。葬浅則狐狸抇之、深則及於水泉。故凡葬必於高陵之上、以避狐狸之患、水泉之溼。此則善矣。而忘姦邪盗賊寇乱之難、豈不惑哉。譬之若瞽師之避柱也、避柱而疾触杙也。狐狸水泉姦邪盗賊寇乱之患、此杙之大者也。慈親孝子避之者、得葬之情矣。善棺槨、所以避螻蟻蛇虫也。今世俗大乱、人主愈侈。其葬則心非為乎死者慮也。生者以相矜尚也。侈靡者以為栄、節倹者以為陋。不以便死為故、而徒以生者之誹誉為務。此非慈親孝子之心也。父雖死、孝子之重之不怠。子雖死、慈親之愛之不懈。夫葬所愛所重、而以生者之所甚欲。其以安之也、若之何哉。

◉抇る——掘る、あばく。　◉溼——湿と同じ。　◉瞽師——盲者。　◉杙——くい。牛馬などをつなぐくい。　◉侈靡——ぜいたく。

一〇九　墓をつくる心がまえ

世間で墓地をつくるとき、その高大さは山のよう、樹を植えれば林のよう、造園や御殿や左右の階段の造作はみやこのもののように美しい。こういうものをつくって世間に富を誇示しようというのならまだしも、これを死者のためにしたというのはよくない。いったい死は、一万年も一瞬のまであるように永遠のものである。人間の寿命は長くても百年、普通は六十を過ぎない。百年や六十年のものが永遠のもののために考えたとて、実際はきっとぴったりはしないのである。自分も永遠の死者の立場に立って考えるとき、はじめて真実のあり方が得られるのである。（孟冬紀　安死）

世の丘壟を為るや、その高大なること山の若く、その之を樹うること林の若く、その闕庭を設け、宮室を為り、賓阼を造るや都邑の若し。此れを以て世に観し富を示すは則ち可なるも、此れを以て死の為にするは則ち不可なり。夫れ死は、その万歳を視ること猶お一瞚のごときなり。人の寿は、之を久しくするも百に過ぎず、中寿は六十を過ぎず。百と六十とを以て無窮なるものの為に慮れば、その情必ず相い当たらざるなり。無窮を以て死者の為に慮れば則ち之を得ん。

世之為丘壟也、其高大若山、其樹之若林、其設闕庭、為宮室、造賓阼也若都邑。以此観世示富則可矣、以此為死則不可也。夫死、其視万歳猶一瞚也。人之寿、久之不過百、中寿不過六十。以百与六十為無窮者慮、其情必不相当矣。以無窮為死者慮則得之矣。

◉丘壟――墳墓。はか。◉闕庭――にわ。◉賓阼――賓は御殿に上る右がわの階段、阼は左がわの階段。◉都邑――ここではみやこ、の意。◉瞚――まばたきのこと。

一一〇　大墓は必ず盗掘される

いまだれかが墓のかたわらに墓表を建ててこういったとする。「この墓の中には、宝石や嗜好品、財物や高価な器物がたいへん多い。掘り出さなければいけない。掘り出せばきっと金持ちになり、代々贅沢をすることができる」。これを聞いたら人々はきっと大笑いし、頭がおかしいというだろう。しかし世間での厚葬というのは、その実これによく似ている。古から今まで、滅亡しなかった国はない。滅亡しない国がないということは、盗掘されない王たちの墓はないということである。われわれの聞き、また見てきたところでも、斉・楚・燕の国がかつて滅亡し、宋や中山もすでに亡んだ。趙や魏や韓もみな亡んだ。いずれの国も皆旧い国である。これより以前の亡国は、数えきれない。そして各国の大墓で盗掘されないものはなかった。それにもかかわらず、世間では争って大墓をつくろうとする。何と悲しいことではないか。（孟冬紀　安死）

今此に人あり、石銘を為り之を壟上に置きて曰わく、「此れその中の物、珠玉玩好財物宝器を具うること甚だ多し。扣らざるべからず。之を扣れば必ずおおいに富み、世々車に乗じ肉を食うべし」。人必ず相い与に之を笑い、以て大惑と為さん。世の厚葬するや此れに似たるあり。古より今に及び、未だ亡びざるの国あらざるなり。亡びざるの国なきは、是れ扣られざるの墓なきなり。耳目の聞見するところを以てするに、斉・荊・燕嘗て亡びたり。宋・中山已に亡びたり。趙・魏・韓皆亡び、其れ皆故国なり。此れより以上は、亡国数うるに勝うべからず。是の故に大墓は扣られざるなきなり。而るに世皆争いて之を為る。豈に悲しからずや。

今有人於此、為石銘置之壟上曰、此其中之物、具珠玉玩好財物宝器甚多。不可不扣。扣之必大富、世世乗車食肉。人必相与笑之、以為大惑。世之厚葬也有似於此。自古及今、未有不亡之国也。無不亡之国者、是無不扣之墓也。以耳目所聞見、斉・荊・燕嘗亡矣。宋・中山已亡矣。趙・魏・韓皆亡矣、其皆故国矣。自此以上者亡国不可勝数。是故大墓無不扣也。而世皆争為之。豈不悲哉。

◉石銘――墓表のこと。◉玩好――もてあそびもの、趣味のもの。◉扣る――掘る。◉厚葬――ごうせいな葬儀。◉荊――楚のこと。

一一　孔子、往きて弔う

魯の季孫氏に葬儀があり、孔子もこれに参列した。門を入って左に進み客の位置についた。そのとき喪主は、君主が佩びる美玉を死者につけて入棺しようとした。孔子はそれが礼に合わぬことと知ると庭を走って横ぎり、階段を急ぎ足で上っていった。「宝玉を身につけて葬るのは、たとえば遺骸を原野にさらすようなものですからお止めください」。庭を横ぎり階段を急ぎ足で上るのは、非礼なことであるが、そこまでして孔子は季孫氏の過失を止めたのである。（孟冬紀　安死）

魯の季孫、喪あり、孔子往きて之を弔う。門に入りて左し、客位に従う。主人璵璠を以て収めんとす。孔子径庭して趨り、歴級して上りて曰わく、「宝玉を以て収むるは、之を譬うるに猶(な)お骸(しかばね)を中原に暴(さら)すがごときなり」。径庭歴級は、礼に非(あら)ざるなり。然(しか)りと雖(いえど)も、以て過(あやまち)を救うなり。

魯季孫有喪、孔子往弔之。入門而左、従客位也。主人以璵璠収。孔子径庭而趨、歴級而上、曰、以宝玉収、譬之猶暴骸中原也。径庭歴級、非礼也。雖然、以救過也。

◉季孫――魯の国の季孫氏。喪は季平子(きへいし)の喪。魯の国の実力者で、孔子も一時仕(つか)えていた。◉客位――一般参会者の席。◉主人――喪主。◉璵璠――魯の宝玉の名。ここでは美玉のこと。◉径庭す――庭を斜めに横ぎること。◉歴級す――歴階と同じで、階段を一段ずつ両足を揃えないで上ること。

▼魯の季平子は一時魯の昭公(しょうこう)が出亡(しゅつぼう)して外国にいたとき、君主の代行をしていた。そこで君主の佩(お)びるべき美玉を身につけて葬ろうとしたのである。これを孔子が、それは非礼だと直接いわないで、それでは盗掘されますといって暗に諫(いさ)めたわけである。

一一二　賢者の遺言

古の人は宝をもたないわけではない。宝と思うものがいまの人と異なっているのである。楚の孫叔敖が病気になり死のうとするとき、その子を戒めていった。「王はしばしばわたしに封地を与えようとしたが、わたしは断ってきた。もしわたしが死んだなら、王はお前に封地を与えようとするだろうが、必ず肥えたよい土地をうけてはいけない。楚と越との間に寝という丘がある。その土地は肥えてもいず名前もたいへん悪い。楚人は鬼神を信じ、越人は禨祥をかつぐからだれもこの土地を有利なものとして欲しがらない。長く保有すべき土地は、ここ以外にない」。孫叔敖が死ぬと、王ははたしてよい土地を封地としてその子に与えようとした。しかし子は辞退し、寝の丘の地を請うた。そこでいまに至るまでその地を保有しつづけている。孫叔敖の賢さは不利な点を有利に転化することをわきまえ、人の悪むことを自分の喜びに転化することを知っていたところにある。これが有道者の世俗と異なるところである。（孟冬紀　異宝）

古の人宝なきに非ざるなり、その宝とするところ異なるなり。孫叔敖疾み、まさに死せんとし、その子を戒めて曰わく、「王数しば我を封ぜんとするも、吾れ受けざるなり。為し我れ死せば、王は則ち汝を封ぜんも、必ず利地を受くることなかれ。楚・越の間に寝の丘なるものあり。此れその地利ならずして名甚だ悪し。荊人は鬼を畏れて、越人は機を信ず。長く有すべきものは、それ唯だ此れのみなり」。孫叔敖死するや、王果して美地を以てその子を封ぜんとするも、子辞し、寝の丘を請う。故に今に至るも失わず。孫叔敖の知は、不利を以て利と為すを知り、人の悪むところを以て己れの喜ぶところと為すを知る。此れ有道者の俗に異なる所以なり。

古之人非無宝也、其所宝者異也。孫叔敖疾、将死、戒其子曰、王数封我矣、吾不受也。為我死、王則封汝、必無受利地。楚・越之間有寝之丘者。此其地不利、而名甚悪。荊人畏鬼、而越人信機。可長有者、其唯此也。孫叔敖死、王果以美地封其子、而子辞、請寝之丘。故至今不失。孫叔敖之知、知以不利為利矣、知以人之所悪為己之所喜。此有道者之所以異乎俗也。

◉孫叔敖——戦国、楚の荘王の相となり、覇業を助ける。　◉利地——肥えたよい土地。
◉寝——いまの河南省固始県の辺の土地で、垢谷（あかの谷）・疕丘（かさぶたの丘）などの醜悪な地名があり、寝も寝と通じて、侵（短い）、祲（悪気）の悪い意味があるという。　◉荊——楚。　◉機を信ず——禨祥。えんぎをかつぐこと。

一一三　受け取らないのが宝

宋の国の農民が、畑を耕していて宝玉を見つけ、この玉を役人の子罕に献上した。子罕は受け取らなかった。農民はお願いして「此れは立派な玉です。どうか大臣さまお受け取りください」といった。子罕は答えた。「お前は玉を宝としているが、わたしはそれを受け取らないことをわたしの宝としているのだよ」。そこで宋の国の長者はいった。「子罕は宝がないのではない。宝とするものが一般人と違うのだ」と。（孟冬紀　異宝）

宋の野人、耕して玉を得、之を司城の子罕に献ず。子罕受けず。野人請いて曰わく、「此れ宝なり。願わくは相国、之が賜と為して之を受けよ」。子罕曰わく、「子は玉を以て宝と為すも、我れは受けざるを以て宝と為す」。故に宋国の長者曰わく、「子罕は宝なきに非ざるなり、宝とするところのもの異なるなり」。

宋之野人、耕而得玉、献之司城子罕。子罕不受。野人請曰、此宝也。願相国為之賜而受之也。子罕曰、子以玉為宝、我以不受為宝。故宋国之長者曰、子罕非無宝也、所宝者異也。

◉野人——ここでは農民の意。　◉司城——官名で土地や民事を司る。　◉子罕——春秋、宋の賢大夫。姓は楽、名は喜。廉潔な人物として知られる。

一一四　器量のちがい

いま百金ときびの団子とを子どもに見せてどちらかを選ばせたならば、子どもは必ずきび団子を取るであろう。和氏の璧と百金とを田舎者に見せてどちらかを選ばせたならば、田舎者は必ず百金を取るであろう。和氏の璧と道徳の至言とを賢人に示してどちらかを選ばせたならば、賢人は必ず道徳の至言を取るであろう。だからこういうのである。「その知が精審であればあるほど選び取るものも精審であり、その知が疏略であればあるほど選び取るものも疏略である」と。（孟冬紀　異宝）

今、百金と摶黍とを以て、以て児子に示さば、児子は必ず摶黍を取らん。龢氏の璧と百金とを以て以て鄙人に示さば、鄙人は必ず百金を取らん。龢氏の璧と道徳の至言とを以て以て賢者に示さば、賢者は必ず至言を取らん。故に曰わく、「その知弥いよ精しければ、その取るところ弥いよ精しく、その知弥いよ觕ならば、その取るところ弥いよ觕なり」。

今以百金与摶黍以示児子、児子必取摶黍矣。以龢氏之璧与百金以示鄙人、鄙人必取百金矣。以龢氏之璧与道徳之至言以示賢者、賢者必取至言矣。故曰、其知弥精、其所取弥精、其知弥觕、其所取弥觕。

◉百金――多くの金。◉摶黍――黍をにぎって丸めたもの。きびだんご。◉龢氏の璧――和氏の璧のこと。楚の和氏が手に入れた宝玉のこと。◉鄙人――田舎者。◉觕なり――粗末、疏略なこと。

一一五　物ごとへの対応――殷の湯王

万物は千差万別の姿で存在し、事物へのはたらきかけも人ごとにちがっている。それが治乱存亡生死の分かれ目となる。だから国家が広大で、軍隊は強く民は富んでいても、必ずしも国家は安泰ではない。身分が高く家柄が立派であっても、必ずしもその人は著名ではない。それらは物ごとへのはたらきかけが当を得たか否かによって決まる。たとえば、桀や紂はすぐれた材能をもちながらむざむざ滅亡し、殷の湯王や周の武王は同じ材能を用いながら王者の道を完成した。殷の湯王は網を四面に張って鳥を捕る者を見かけた。かれらは呪っていった。「天空から飛び下れるもの、地上より飛び立つもの、四方から飛び来るもの、すべてわが網に入れ」。湯王はいった。「ああ、やり過ぎだ。桀のような残虐な者でなくてだれがこんなことをするのか」。こういうと湯王は網の三方を取り払わせて一面だけを張らせ、改めて呪わせた。「むかし蜘蛛が網を張るのを見て、いまの人は網づくりを学んだ。しかし左しようとするものは左に飛び去り、右しようとするものは右に飛び去り、高く飛ぼうとするものは高く飛び、低く飛ぼうとするものは低く飛べ。わたしはただ命令に従わないものだけを捕らえるのだ」。はるか漢水の南方にある国がこのことを聞いていった。「湯王の徳沢はいまや鳥獣にまで及んでいる」。やがて四十もの国家が湯王に帰順してきた。捕鳥者たちが四面に網を張っても必ずしも鳥が捕れるわけではない。湯王はその三方の網を去り、ただ一面だけを残したのに、四十もの国を引き入れることができた。これはただ鳥を捕らえることだけにいえるのではない。（孟冬紀　異用）

万物同じからずして、之を用うること人ごとに異なれり。此れ治乱存亡死生の原なり。故に国広巨にして、兵彊富なるも、未だ必ずしも安からざるなり。尊貴高大なるも、未だ必ずしも顕れざるなり。之を用うるに在り。桀・紂その材を用いてその亡を成し、湯・武その材を用いてその王を成せり。湯網を祝する者の四面に置くを見る。その祝曰わく、「天より墜つるもの、地より出づるもの、四方より来れるもの、皆吾が網に離れ」。湯曰わく、「嘻、之を尽せり。桀に非ざればそれ孰か此れを為さんや」。湯その三面を収め、その一面を置き、更めて祝せしめて曰わく、「昔、蛛蝥網罟を作り、今の人緒を学ぶ。左せんと欲するものは左し、右せんと欲するものは右し、高らんと欲するものは高り、下らんと欲するものは下れ。吾れその命を犯すものを取らん」。漢の南の国之を聞きて曰わく、「湯の徳禽獣に及べり」。四十国之に帰す。人四面を置くも未だ必ずしも鳥を得ず。湯その三面を去り、その一面を置きて、以てその四十国を網せり。徒だに鳥を網するのみに非ざるなり。

万物不同、而用之於人異也。此治乱存亡死生之原。故国広巨、兵彊富、未必安也。尊貴高大、未必顕也。在於用之。桀・紂用其材而成其亡、湯・武用其材而成其王。湯見祝網者、置四面。其祝曰、従天墜者、従地出者、従四方来者、皆離吾網。湯曰、嘻、尽之矣。非桀其孰為此也。湯収其三面、置其一面、更教祝曰、昔蛛蝥作網罟、今之人学緒。欲左者左、欲右者右、欲高者高、欲下者下。吾取其犯命者。漢南之国聞之曰、湯之徳及禽獣矣。四十国帰之。人置四面、未必得鳥。湯去其三面、置其一面、以網其四十国。非徒網鳥也。

◉祝——呪い、祈りのことば。　◉緒——しごと、しわざ。

一一六　物ごとへの対応——周(しゅう)の文王(ぶんおう)

周の文王が池を掘らせたところ、そこから死者の骨が出てきた。役人はこのことを文王に報告した。文王が「葬(ほうむ)ってやれ」というと、「無縁のものですが……」と役人は答えた。文王はいった。「天下を支配する者は、天下の主人であり、一国を支配する者は、一国の主人である。それならばどうしてわたしがこの者の主人でないことがあろうか」。そこで役人に命じて衣服や棺(ひつぎ)をととのえ、改めて埋葬した。天下の者はこれを聞くといった。「文王は賢君だ。恩沢(おんたく)は死人にまで行きとどいている。どうして生きている人間をないがしろにしよう」。ある君主は宝物を手に入れて国家を揺(ゆ)るがし、文王は死者の骨の処置を通じて民意を喜ばせた。だから聖人はどんなものでも有効に用いないものはないのである。(孟冬紀　異用)

周の文王人をして池を抇(ほ)らしめ、死人の骸(ほね)を得たり。吏以(もっ)て文王に聞(ぶん)す。文王曰(い)わく、「更(あらた)めて之(これ)を葬れ」。吏曰わく、「此(こ)れ主なき者なり」。文王曰わく、「天下を有する者は、天下の主なり。一国を有する者は、一国の主なり。今我れその主に非(あら)ずや」。遂に吏をして衣棺を以て更めて之を葬らしむ。天下之を聞きて曰わく、「文王は賢なり、沢髊骨に及べり。又た況んや人に於てをや」。或るものは宝を得て以てその国を危うくし、文王は朽骨を得て以てその意を喩ばす。故に聖人は物に於て材とせざるなきなり。

周文王使人抇池、得死人之骸。吏以聞於文王。文王曰、更葬之。吏曰、此無主矣。文王曰、有天下者、天下之主也。有一国者、一国之主也。今我非其主也。遂令吏以衣棺更葬之。天下聞之曰、文王賢矣、沢及髊骨。又況於人乎。或得宝以危其国、文王得朽骨以喩其意。故聖人於物無不材。

◉抇る——掘と同じ。　◉髊骨——髊はまだ肉のついている骨、骨は白骨。　◉喩ばす——喜ばせること。

一一七　生命がけの忠

楚の荘王は雲夢の地で狩猟し、随兕をねらい、これを射止めた。ところが申公の子培は荘王を脅迫してこれを奪いとってしまった。荘王は「何と乱暴で不敬な奴だ」と怒り、役人に命じて誅殺しようとした。側近の者たちはみな荘王を諌めた。「子培は賢い人物です。そのうえ人に過ぎた忠義の臣下です。きっと理由があるのです。王よご賢察ください」。このときから三月も経たないうちに、子培は病気になり死んだ。やがて楚は軍を起こして晋と両棠の地で戦い、大勝した。帰国すると論功行賞を行った。申公の子培の弟が進み出て賞を係りの役人に申請した。「みなさんの手柄は戦陣でのものですが、わたしの兄の功績は王の車下にあって身代わりになったことにあります」。荘王がたずねた。「どういう意味かね」。弟は答えた。「兄は王に乱暴し、不敬の悪名を犯し、死刑に当たる行為を冒しましたが、その本意は自らの生命を王の身に捧げて、王に千歳の寿命を保っていただきたいと願ったからです。兄はかつて古い記録を読んで『随兕を殺す者は、三月も経たないうちに必ず死ぬ』ことを知っておりました。そこで兄は王が随兕を射止められたのを知ると驚き懼れて、獲物を奪いとったのです。こうして兄はその殃によって死にました」。荘王は人をやって文書の庫を開いて調べさせると、古い記録にはたしてそうあった。そこで手厚くかれに褒賞を与えた。申公子培の忠義こそいわゆる穆行、生命がけの篤実な行為であった。生命がけの篤実な行為は知っていたからといって人に勧めることもできないし、知らないからといって人を非難するわけにもいかないものである。人間の行為でこれ以上のものはない。(仲冬紀　至忠)

荊の荘王雲夢に猟し、随兕を射て、之に中つ。申公の子培王を劫かして之を奪う。王曰わく、「何とそれ暴にして不敬なるや」。吏に命じて之を誅せんとす。左右の大夫皆進み諫めて曰わく、「子培は賢者なり、又た王の百倍の臣たり。此れ必ず故あらん。願わくは王之を察せよ」。三月を出でずして、子培疾みて死す。荊師を興し晋と両棠に戦い、おおいに晋に勝つ。帰りて有功なる者を賞す。申公子培の弟進みて賞を吏に請いて曰わく、「人の功あるや軍旅に於てす。臣の兄の功あるや車下に於てす」。王曰わく、「何の謂いぞや」。対えて曰わく、「臣の兄暴不敬の名を犯し、死亡の罪に王の側に触れぬ。その愚心将に以て君王の身に忠にして、千歳の寿を持たしめんとすればなり。臣の兄嘗て故記を読むに曰わく、『随兕を殺すものは、三月を出でずして必ず死なん』。是を以て臣の兄驚懼して之を争うなり。故にその罪に伏して死せり」。王人をして平府を発して之を視べしむれば、故記に於て果たして有り。乃ち厚く之を賞す。申公子培、その忠や穆行と謂うべし。穆行の意、人之を知るも勧むることを為さず、人知らざるも沮むことを為さず。行い此れより高きはなし。

荊荘王猟於雲夢、射随兕、中之。申公子培劫王而奪之。王曰、何其暴而不敬也。命吏誅之。左右大夫皆進諫曰、子培、賢者也。又為王百倍之臣。此必有故。願王察之也。不出三月、子培疾而死。荊興師、与晋戦於両棠、大勝晋。帰而賞有功者。申公子培之弟進請賞於吏曰、人之有功也於軍旅。臣兄之有功也於車下。王曰、何謂也。対曰、臣之兄犯暴不敬之名、触死亡之罪於王之側。其愚心将以忠於君王之身、而持千歳之寿也。臣之兄嘗読故記曰、殺随兕者、不出三月必死。是以臣之兄驚懼而争之。故伏其罪而死。王令人発平府而視之、於故記果有。乃厚賞之。申公子培、其忠也可謂穆行矣。穆行之意、人知之不為勧、人不知不為沮。行無高乎此矣。

◉随兕——現在の湖北省の随の地方にいる牛の一種。ここでは怪獣とされている。◉申公の子培——申という邑の長官である子培。◉故記——古い記録。◉平府——文書をおさめておく倉庫。◉穆行——生命を投げ出した篤実な行為。

一一八　名医の死

斉王は打ちきずを病んでいた。そこで人をやって、宋の名医文摯を招いて治療させた。文摯は到着し、病状を診ると太子にいった。「王の病気は必ず治ります。しかし王は病気が治ると、必ずわたしを殺します」。太子は「どうしてか」とたずねた。文摯は答えた。「王を立腹させなければ、この病気は治りません。立腹させれば、わたしはきっと殺されることになります」。太子は頭を下げ、無理やり頼んだ。「もし王の病気が治ったなら、わたしとわたしの母、すなわち王后とで生命を賭けて王にお願いしましょう。王もきっとわたしと后とに免じて許してくれるでしょうから、どうか先生はご心配くださいますな」。文摯はいった。「よろしい。わたしの生命を賭けて王の病気を治しましょう」。こうして太子と約束した。文摯は、斉王に診察に行くといいながらすっぽかしたことが三度もあって、斉王はすっかり腹を立てていた。文摯は病室に着くと靴もぬがずにベッドに上がり、王の衣服を踏みつけながら、王に病状をたずねた。王は立腹して答えない。文摯はこんどは故意に不遜なことばづかいで王を激怒させた。王は罵声をあげて起ち上がり、病気はそのときに治った。しかし王の怒りは解けず、文摯を釜ゆでの刑にしようとした。太子と后とは必死に王を諫めたが、願いは聞き入れられず、鼎の中で文摯は生きながらに釜ゆでにされた。釜は三日三晩燃やしつづけられたが、文摯の顔色は変わらない。文摯はいった。「もしわたしを本当に殺そうというのなら、どうしてこの鼎に蓋をして、陰陽の気を杜絶しないのか」。王が家臣に命じて鼎を覆うと、文摯は息を引きとった。そもそも平和な時世での忠義は容易だが、乱世における忠義は難事である。文摯も王の病気を治せば、自分が死なねばならないことは十分に知っていた。だが太子のために難事を行って、約束を全う

したのである。（仲冬紀　至忠）

斉王疻痏あり、人をして宋に之き文摯を迎えしむ。文摯至り、王の疾を視、太子に謂いて曰わく、「王の疾必ず已すべし。然りと雖も王の疾已えなば、則ち必ず摯を殺さん」。太子曰わく、「何の故ぞや」。文摯対えて曰わく、「王を怒らすに非ざれば、則ち疾治すべからず。王を怒らせば則ち摯必ず死せん」。太子頓首し彊いて請いて曰わく、「苟も王の疾を已さば、臣と臣の母と死を以て之を王に争わん。王必ず臣と臣の母とに幸まん。願わくは先生の患うる勿からんことを」。文摯曰わく、「諾。請う死を以て王を為めん」。太子と期す。而して将に往かんとして当たらざること三たび、斉王固より已に怒れり。文摯至らば、履を解かずして牀に登り、王衣を履み、王の疾を問う。王怒りて与に言わず。文摯因りて辞を出して以て重ねて王を怒らし、王叱して起ち、疾乃ち遂に已ゆ。王おおいに怒りて説けず、将に生きながら文摯を烹んとす。太子と王后と急ぎ之を争えども得ること能わず。果して鼎を以て生きながらに文摯を烹る。之を爨くこと三日三夜、顔色変ぜず。文摯曰わく、「誠に我れを殺さんと欲さば、則ち胡ぞ之を覆いて以て陰陽の気を絶たざるや」。王之を覆わしむれば、文摯乃ち死す。夫れ治世に忠なるは易く、濁世に忠なるは難し。文摯は王の疾を治して身死を獲るを知らざるに非ざるなり。太子の為に難きを行いて以てその義を成せるなり。

斉王疻痏、使人之宋迎文摯。文摯至、視王之疾、謂太子曰、王之疾必可已也。雖然、王之疾已、則必殺摯也。太子曰、何故。文摯対曰、非怒王則疾不可治。怒王則摯必死。太子頓首彊請曰、苟已王之疾、臣与臣之母以死争之於王。王必幸臣与臣之母。願先生之勿患也。文摯曰、諾。請以死為王。与太子期。而将往不当者三、斉王固已怒矣。文摯至、不解屨登牀、履王衣、問王之疾。王怒而不与言。文摯因出辞以重怒王、王叱而起、疾乃遂已。王大怒不説、将生烹文摯。太子与王后急争之而不能得。果以鼎生烹文摯。爨之三日三夜、顔色不変。文摯曰、誠欲殺我、則胡不覆之、以絶陰陽之気。王使覆之、文摯乃死。夫忠於治世易、忠於濁世難。文摯非不知治王之疾而身獲死也。為太子行難以成其義也。

◉斉王——斉の宣王（せんおう）の子の湣王（びんおう）のこと。◉疻痏——打ちきず。『論衡』（ろんこう）では「瘠」（せき）につくる。これならば胃腸病。◉文摯——戦国、宋の国の名医。◉幸む——憐れ（あわ）みをかける。◉説く——ここでは解く（と）と同じ。

▼三国のときの名医華佗（かだ）にもこれと同様の話がある。華佗は病気の郡守（ぐんしゅ）を怒らせて黒血を

吐かせること数升で郡守の生命を救けるが、結局は怒った郡守によって殺される（『魏志』「華佗伝」）。説話のパターンとしてこういうものがあったのであろう。また蓋をして、陰陽の気を閉ざしてはじめて死ぬというのも、陰陽論の盛んな時代背景を暗示して面白い。

一一九　身を殺しての忠

呉王闔閭は先王の王子である慶忌を殺そうとしたがうまくいかず、それがいつも気になっていた。家臣の要離がいった。「わたしなら殺れます」。呉王はいった。「お前がどうしてできるのだ。わたしはかつて六匹の馬でかれを江上に追ったが追いつかず、弓で射て、両手いっぱいの矢を射たが、ついに仕留めることができなかった。いまお前は剣を抜けば力がなくて腕が上がらず、車に上がれば車の横木から上へは登りもできない。そのお前がどうして殺れるのかね」。要離はいった。「士は勇敢でないことを気にはしますが、どうして能不能を心配しましょう。王が本当に援助してくだされば、わたしはきっとできます」。呉王はいった。「よし」。その翌日要離は罪をきせられ、妻子は捕らえられ、焼き殺されて骨や灰は棄てられた。要離は脱走し、衛の国にいる慶忌に会った。慶忌は喜んでいった。「呉王の無道さは、あなたが見、諸侯の知るところです。いまあなたは死を免れて脱走できたのはまことに結構でした」。要離は慶忌と起居をともにし、しばらくして慶忌にいった。「呉王の無道はいよいよ甚しいものがあります。あなたとともに呉の国を奪い取りましょう」。慶忌はいった。「よかろう」。そこで要離とともに江を渡った。流れの中ごろに至ると、要離は剣を抜いて慶忌を刺した。慶忌は要離の頭髪を捉むとかれを江中に突き落とし、浮かび上がってくるとまた沈めた。これを三度くり返した。最後に慶忌はいった。「お前は天下の勇者である。生命を助けて名を挙げさせてやろう」。要離はかくして生きて呉に帰ることができた。呉王はおおいに喜び、土地を与え分封しようとした。要離はいった。「だめです。わたしは死なねばなりません」。呉王は止めた。要離はことばをついだ。「いったい妻子を殺し、死体を焼きその骨灰を遺棄したのも、事を成就しようためでしたが、わたしはそれが不仁なことと承知しています。そもそも以前の主人のために新しい主人を殺すのも、わたしは不義なことと思っています。また頭髪を捉まれて江に投げ落とされ、三たび浮かんだり沈んだりし、慶忌のお情けで殺されずにも済みましたが、わたしはこれを恥辱と考えております。いったい不仁不義を犯し、なおかつ恥辱まで与えられては、どうして生きていられましょう」。呉王も止めきれず、けっきょく要離は自殺した。要離は厚賞のために心を動かさなかった人物だったといえよう。だからこのように大利を目前にしながら節操を変えない者を廉潔な人物という。廉潔なるが故に富貴のために恥辱を忘れ胡麻化すことがないのである。（仲冬紀　忠廉）

呉王、王子慶忌を殺さんと欲して、之を能く殺す者なく、呉王之を患う。要離曰わく、「臣之を能くせん」。呉王曰わく、「汝悪んぞ能くせんや。吾れ嘗て六馬を以て之を江上に逐えり。而れども及ぶこと能わず。之を射て矢、左右把に満つれども中ること能わず。今汝剣を抜けば則ち臂より挙ぐること能わず、車に上れば則ち軾より登ること能わず。汝悪んぞ能くせん」。要離曰わく、「士は勇ならざるを患えるのみ、奚んぞ能わざることを患えん。王誠に能く助けなば、臣請う必ず能くせん」。呉王曰わく、「諾」。明旦要離に罪を加え、その妻子を執え、之を焚きてその灰を揚ぐ。要離走れ、往きて王子慶忌に衛に見ゆ。王子慶忌喜びて曰わく、「呉王の無道なるは、子の見るところなり、諸侯の知るところなり。今子免るるを得て之を去るは亦た善し」。要離、王子慶忌と居ること間ありて、王子慶忌に謂いて曰わく、「呉の無道なること愈いよ甚し。請う、王子と往きて之の国を奪わん」。王子慶忌曰わく、「善し」。乃ち要離とともに江を捗る。中江にして剣を抜きて以て王子慶忌を刺す。王子慶忌之を捽み、之を江に投ず。浮かべば則ち又た取りて之を投ず。

此くの如くすること三たび。その卒に曰わく、「汝は天下の国士なり。汝を幸し以て而の名を成さしめん」。要離死せざるを得て呉に帰る。呉王おおいに説び、与に国を分たんことを請う。要離曰わく、「不可なり。臣請う必ず死せん」。呉王之を止む。要離曰わく、「夫れ妻子を殺し、之を焚きてその灰を揚ぐるは、事に便とするを以てなるも、臣は以て不仁と為す。夫れ故主の為に新主を殺すは、臣以て不義と為す。夫れ捽まれて江に浮かび、三たび入り三たび出づ。特だ王子慶忌之が賜を為して殺さざるのみ。臣已に辱と為す。夫れ不仁不義、又た且つ已に辱めらる。以て生くべからざるなり」。呉王とどむること能わず、はたして剣に伏して死せり。要離は賞の為に動かされずと謂うべし。故に大利に臨んでその義を易えず、廉なりと謂うべし。廉なるが故に貴富を以てしてその辱を忘れざるなり。

呉王欲殺王子慶忌而莫之能殺、呉王患之。要離曰、臣能之。呉王曰、汝悪能乎。吾嘗以六馬逐之江上矣。而不能及。射之矢、左右満把、而不能中。今汝抜剣則不能挙臂、上車則不能登軾。汝悪能。要離曰、士患不勇耳、奚患於不能。王誠能助、臣請必能。呉王曰、諾。明旦加要離罪焉、執其妻子、焚之而揚其灰。要離走、往見王子慶忌於衛。王子慶忌喜曰、呉王之無道也、子之所見也、諸侯之所知也。今子得免而去之亦善矣。要離与王子慶忌居有間、謂王子慶忌曰、呉之無道也愈甚。請与王子往奪之国。王子慶忌曰、善。乃与要離倶渉於江。中江、抜剣以刺王子慶忌。王子慶忌捽之、投之於江。浮則又取而投之。如此者三。其卒曰、汝天下之国士也。幸汝以成而名。要離得不死、帰於呉。呉王大説、請与分国。要離曰、不可。臣請必死。呉王止之。要離曰、夫殺妻子焚之而揚其灰、以便事也、臣以為不仁。夫為故主殺新主、臣以為不義。夫捽而浮乎江、三入三出。特王子慶忌為之賜而不殺耳。臣已為辱矣。夫不仁不義、又且已辱。不可以生。呉王不能止、果伏剣而死。要離可謂不為賞動矣。故臨大利而不易其義、可謂廉矣。廉故不以貴富而忘其辱。

◉呉王——呉王闔閭のこと。闔閭は専諸(せんちょ)を使って前王の王僚(おうりょう)を刺殺して王位に即いた。王子慶忌はその王僚の子である。だから闔閭はしきりに慶忌の生命をねらったのである。
◉把に満つ——矢が両手にいっぱいになること。◉軾——車の前にある横木。◉捽む——頭髪を捉(つか)むこと。

一二〇　弘演(こうえん)の徇死(じゅんし)

衛(えい)の懿公(いこう)の臣に弘演という者がいて、他国に使者となっていた。そのとき北方の狄(てき)人(ひと)が衛の国を攻めてきた。衛の人民はいった。「国君が禄位(ろくい)を与えていたのは鶴(つる)であり、身分も高く豊かにもしていたのは宦官である。国君は鶴と宦官とに戦わせればいい。われわれがどうして戦う必要があろう」。こうして衛の軍隊は崩壊した。狄人は衛の地に至ると、懿公を滎沢に追いつめ、殺すとかれの肉を食い尽くし、その肝だけを棄てた。弘演は帰国すると使命を懿公の遺された肝に報告し、それが終わると、天を呼んで号泣し、十分に哀しみを尽くして止め、そしていった。「どうかわたしの軀を外表となさってください」。こういうと自殺し、まずみずからの臓物を外に出すと、懿公の肝をそこに納めて死んだ。斉の桓公はこれを聞いていった。「衛国の滅亡は、無道によるものだが、現にこのような烈士もいるのだからその社稷は存続させないわけにはいかない」。そこで衛の国を楚丘というところに再建した。弘演はまことに忠烈の士というべきである。みずからを犠牲にし生命を捨てて君主に徇じた。君主に徇じただけではなく、また衛国の宗廟を再建し、先祖の祭りをも継続させた。国家に大功ある者といわねばならない。(仲冬紀　忠廉)

衛の懿公に臣有り弘演と曰い、使いするところあり。翟人衛を攻む。その民曰わく、「君の位禄を予うるところのものは、鶴なり。貴富するところのものは、宮人なり。君宮人と鶴とをして戦わしめよ。余焉んぞ能く戦わん」。遂に潰えて去る。翟人至り、懿公に滎沢に及び、之を殺し、尽くその肉を食い、独だその肝を捨つ。弘演至り、使いを肝に報じ畢りて、天を呼びて啼き、哀を尽して止みて、曰わく、「臣請う襮と為らん」。因りて自殺し、先ずその腹実を出し、懿公の肝を内る。桓公之を聞きて曰わく、「衛の亡ぶるは、無道を為すを以てなり。今臣ありて此くの若し、存せざるべからず」。是に於て復た衛を楚丘に立つ。弘演は忠と謂うべし。身を殺し生を出して以てその君に徇えり。徒にその君に徇えるのみに非ずして、又た衛の宗廟をして復た立ち、祭祀をして絶えざらしめたり。功ありと謂うべし。

衛懿公有臣曰弘演、有所於使。翟人攻衛。其民曰、君之所予位禄者、鶴也。所貴富者、宮人也。君使宮人与鶴戦。余焉能戦。遂潰而去。翟人至、及懿公於滎沢、殺之、尽食其肉、独捨其肝。弘演至、報使於肝、畢、呼天而啼、尽哀而止、曰、臣請為襮。因自殺、先出其腹実、内懿公之肝。桓公聞之曰、衛之亡也、以為無道也。今有臣若此、不可不存。於是復立衛於楚丘。弘演可謂忠矣。殺身出生以徇其君。非徒徇其君也、又令衛之宗廟復立、祭祀不絶。可謂有功矣。

◉翟——狄と同じ。北方のえびす。　◉襮——おもてのこと。ここでは自分の軀を外表となすこと。　◉腹実――腹中のもの。内臓のこと。

一二一　泥棒にも道あり

盗跖の仲間が跖にたずねていった。「泥棒にも道はあるのだろうか」。跖は答えた。「どこに道のないものがあるかね。むろん泥棒にもあるさ。そもそも他人の門内のことを臆測して持ちものの見当をつける。これは聖いことさ。まっ先に入る、これは勇気だ。出るときは殿り。これは義めだ。時宜をみる。これは智だ。分配は公平。これは仁だ。この五つのことに通じないで、名のある泥棒になった者はいない」。倪説は理想的な六人の王者や春秋の五覇を非難して、こういう。「尭は愛情に乏しいという評判があり、舜は親を無視した行いがあり、禹は美酒に溺れ、湯・武は目上のものを弑殺した罪があり、五覇は智慧や力ずくで天下を支配した謀略家である。世間ではかれらを誉めたたえ、悪口をいうのを憚かっているが、それは誤りだ」。だから死ぬときには金属製のつちを持って葬られ、「あの世で六王や五覇に出会ったらこれでその頭を叩いてやるのだ」といっていたという。このような弁論ならいっそないほうがましである。（仲冬紀　当務）

跖の徒、跖に問いて曰わく、「盗みに道あるか」。跖曰わく、「奚くに啻くとして其れ道なからんや。夫れ関内を妄意して、蔵を中つるは、聖なり。入るに先だつは、勇なり。出づるに後るるは、義なり。時を知るは、智なり。分かつこと均しきは、仁なり。此の五者に通ぜずして、能く大盗を成す者は、天下に有ることなし」。倪説は六王・五伯を非とし、以為えらく、「尭に不慈の名あり、舜に不孝の行あり、禹に淫湎の意あり、湯・武に放弑の事あり、五伯に暴乱の謀あり。世皆之を誉め、人皆之を諱むは、惑いなり」。故に死して金椎を操りて以て葬られ、曰わく、「下にて六王・五伯に見わば、将にその頭を敲かん」。弁此くの若くんば弁なきに如かず。

跖之徒問於跖曰、盗有道乎。跖曰、奚啻其無道也。夫妄意関内、中蔵、聖也。入先、勇也。出後、義也。知時、智也。分均、仁也。不通此五者、而能成大盗者、天下無有。倪説非六王・五伯、以為、尭有不慈之名、舜有不孝之行、禹有淫湎之意、湯・武有放弑之事、五伯有暴乱之謀。世皆誉之、人皆諱之、惑也。故死而操金椎以葬、曰、下見六王・五伯、将敲其頭矣。弁若此不知無弁。

◉跖——春秋時代の大泥棒。　◉関内——閉ざされた家やしきの中のもの。　◉六王——

堯・舜・禹・湯・文・武の理想的な天子。◉五伯――春秋の五人の覇者のこと。斉桓・晋文・宋襄・楚荘・秦穆の五人。◉暴乱の謀――五覇が国を争って殺し合い、また小国を兼併したこと。◉金椎――金属でつくったつち。◉敲く――たたくこと。

▼『荘子』「盗跖篇」を見ると、盗跖は孔子の友人柳下季の弟で、従卒九千人、天下に横行した、とある。むろんつくりばなしである。本篇もまた同じ。

一二二　楚に直躬なる者あり

楚の国に直躬という者がいた。かれの父が人の家の羊を盗むと、かれは父を役人に告発した。役人が逮捕して誅殺しようとすると、直躬は自分が身代わりになると申し出た。そこでかれを誅殺しようとすると、役人に向かっていった。「父が羊を盗めばこれを役人に告発する、これは信といえるではないか。父が誅殺されそうになると身代わりを申し出る、これは親孝行なことではないか。信もあり孝行でもある者を誅殺したならば、この国に殺されないですむ人間がいるのだろうか」。楚王はこれを聞くと直躬を赦して殺さなかった。孔子はこれを聞いていった。「おかしな話だ、直躬の信というのは。かれは父親を利用して二度も世間の評判をとっている」。だから直躬

のような信ならば、むしろ信のないほうがましである。（仲冬紀　当務）

楚に直躬なる者あり。その父羊を窃みて之を上に謁ぐ。上執えて将に之を誅せんとし、直躬之に代わらんことを請う。将に誅せんとするに、吏に告げて曰わく、「父羊を窃みて之を謁ぐるは、亦た信ならずや。父誅せられんとして之に代わるは、亦た孝ならずや。信且つ孝にして之を誅せば、国将た誅せられざる者あらんや」。荊王之を聞き、乃ち誅せず。孔子之を聞きて曰わく、「異なるかな直躬の信を為すや。一父にして載び名を取る」。故に直躬の信は信なきに若かず。

楚有直躬者。其父窃羊而謁之上。上執而将誅之、直躬請代之。将誅矣、告吏曰、父窃羊而謁之、不亦信乎。父誅而代之、不亦孝乎。信且孝而誅之、国将有不誅者乎。荊王聞之、乃不誅也。孔子聞之曰、異哉直躬之為信也。一父而載取名焉。故直躬之信、不若無信。

◉謁ぐ——告ぐ。　◉載び——再びと同じ。

▼直躬というのは、正直者の躬さんの意。『論語』「子路篇」にこうある。「葉公、孔子に

語りて曰わく、吾が党に直躬なる者あり。その父羊を攘みて、子これを証す。孔子の曰わく、吾が党の直しきものは是れに異なり。父は子の為に隠し、子は父の為に隠す。直しきことその中に在り」。おそらく直躬も先の盗跖や庖丁と同様に、人間のある種の典型として創作された人物であろう。

一二三　勇気の行きつくところ

斉の国の勇者気取りの者、一人は村の東に、一人は西に住んでいた。偶然道で出会った。「一杯飲ろうではないか」。何杯か飲んだあとでいった。「肉を食いたいな」。一人が答えた。「お前も肉の塊だし、俺もそうだ。何もとくに探すこともなかろう。ただ醤油を用意すればいいさ」。そこで刀を抜いてたがいに相手の肉を切り取って啖い、死ぬまでそうした。このような勇気ならば、むしろ勇気はないほうがましである。（仲冬紀　当務）

斉の勇を好めるもの、その一人は東郭に居り、その一人は西郭に居る。卒然として塗に相い遇うて曰わく、「姑く相い飲まんか」。觴数行にして曰わく、「姑く肉を求めんか」。一人曰わく、「子は肉なり。我も肉なり。尚お胡ぞ革めて肉を求むることを為さんや。是に於て染を具せんのみ」。因りて刀を抽きて相い啖い、死に至りて止む。勇此くの若くんば、勇なきに若かざるなり。

斉之好勇者、其一人居東郭、其一人居西郭。卒然相遇於塗曰、姑相飲乎。觴数行、曰、姑求肉乎。一人曰、子肉也。我肉也。尚胡革求肉而為。於是具染而已。因抽刀而相啖、至死而止。勇若此不若無勇。

◉卒然として——偶然に。◉姑く——しばらく。◉觴——杯。酒盃。◉染——鼓醬、付け合わせの醬油のこと。

一二四　師曠は後世のために

晋の平公は大きな鐘を鋳造し、楽工たちに鐘の音を聴かせると、だれもが音階は正しいといった。師曠だけが、「これは少し違っています。どうか新たに鋳造してくださいといった。平公は答えた。「楽工たちは皆正しいといっているが……」。師曠はいった。「のちの世に真に音楽を理解する者が出現したとき、きっとこの鐘の音階が合っていないことを見抜きましょう。わたしはひそかにそれはあなたの恥だと思うのです」。のちに師涓が登場するに至って、はたしてこの鐘の不調が明白になった。師曠が鐘を調整したいと願ったのは、後世の真の知音者のためだったのである。（仲冬紀　長見）

晋の平公鋳て大鐘を為り、工をして之を聴かしむるに、皆以て調えりと為す。師曠曰わく、「調わず。請う更めて之を鋳ん」。平公曰わく、「工皆以て調えりと為す」。師曠曰わく、「後世、音を知る者あらば、将に鐘の調わざるを知らんとす。臣窃かに君の為に之を恥ず」。師涓に至りて、果たして鐘の調わざることを知れり。是れ師曠が善く鐘を調えんと欲せしは、以て後世の音を知る者の為なり。

晋平公鋳為大鐘、使工聴之、皆以為調矣。師曠曰、不調。請更鋳之。平公曰、工皆以為調矣。師曠曰、後世有知音者、将知鐘之不調也。臣窃為君恥之。至於師涓、而果知鐘之不調也。是師曠欲善調鐘、以為後世之知音者也。

◉工――楽工たち。◉師曠――春秋時代の晋の楽官。音を聞いてよく吉凶をあてたという。◉師涓――戦国、趙の楽官。

一二五　斉と魯の将来について

太公望呂尚は斉の国に封ぜられ、周公旦は魯の国に封ぜられた。二人は親友であった。たがいに「どうやって国を治めるか」と聞いた。太公望はいった。「賢人を尊重し実績を評価すること」。周公旦はいった。「身内を身内として大切にし、恩愛を大事にすること」。太公望はいった。「魯はきっと弱体化するぞ」。周公旦もいった。「魯は弱体化するかもしれないが、斉国の支配者もきっと呂氏とは入れ替わるさ」。その後斉の国は日ごとに強大化し、ついに覇者となった。しかし二十四代続いたところで田成子が呂氏から政権を奪った。魯は日ごとに弱体化し、ずっと名目だけの国で存続していたが、三十四代で滅亡した。（仲冬紀　長見）

呂太公望は斉に封ぜられ、周公旦は魯に封ぜらる。二君は甚だ相い善し。相い謂いて曰わく、「何を以て国を治めん」。太公望曰わく、「賢を尊び功を上ぶ」。周公旦曰わく、「親を親とし恩を上ぶ」。太公望曰わく、「魯は此れより削られん」。周公旦曰わく、「魯は削らると雖も、斉を有する者も必ず呂氏に非ざるなり」。その後斉日に以て大にして、覇たるに至り、二十四世にして田成子斉国を有す。魯日に以て削られ、覲かに存するに至り、三十四世にして亡ぶ。

呂太公望封於斉、周公旦封於魯。二君者甚相善也。相謂曰、何以治国。太公望曰、尊賢上功。周公旦曰、親親上恩。太公望曰、魯自此削矣。周公旦曰、魯雖削、有斉者亦必非呂氏也。其後斉日以大、至於覇、二十四世而田成子有斉国。魯日以削、至於覲存、三十四世而亡。

◉呂太公望――周の文王の軍師太公望のこと。姓は呂、名は尚。◉周公旦――周の文王の子で、武王の弟。旦は名。◉恩――恩愛のこと。◉呂氏に非ず――必ず他姓のために国権を奪われること。◉田成子――斉の田恒のこと。◉覲か――僅と同じ。

一二六　呉起の歎き

呉起は魏の西河地域を治めていたが、王錯によって魏の武侯に誣告され、召喚されることとなった。呉起は岸門まで来ると車を止め、西河を眺めやってはらはらと涙を落とした。従者は呉起にいった。「わたくしはひそかにあなたのお気持ちを推察いたしますに、平素は天下を投げ捨ててもぞうりを棄てるように平気ですのに、いま西河を離れるのに涙を流されるのは、どうしたわけですか」。呉起は涙を拭って答えた。「お前にはわからないかね。国君がわたしの能力を知り、わたしの能力を存分に発揮させてくれたならば、西河を基盤にして天下に号令することができたろう。いま国君は讒人の話を聞いてわたしを理解しようとしない。西河が秦の国に吸収されるのももう間のないことだ。魏の国はこれから弱体化するだろう」。呉起ははたして魏国から離れ、楚の国に行った。しばらくして、西河の地はすべて秦に編入され、秦は日ごとに強大になっていった。これが呉起が魏の将来を見通して泣いた理由である。（仲冬紀　長見）

呉起西河の外を治め、王錯之を魏の武侯に譖し、武侯人をして之を召さしむ。呉起岸門に至り、車を止めて西河を望み、泣数行にして下る。その僕呉起に謂いて曰わく、「窃かに公の意を観るに、天下を釈つるを視ること躧を釈つるが若し。今西河を去りて泣くは、何ぞや」。呉起泣を抿いて之に応じて曰わく、「子識らざるか。君我れを知りて我れをして能を畢さしめば、西河以て王たるべし。今君讒人の議に聴きて、我れを知らず。西河の秦たる久しからざらん。魏此れより削られん」。呉起果して魏を去り楚に入る。間ありて、西河畢く秦に入り、秦日に益ます大なり。此れ呉起の先見して泣くところなり。

呉起治西河之外、王錯譖之於魏武侯、武侯使人召之。呉起至於岸門、止車而望西河、泣数行而下。其僕謂呉起曰、竊観公之意、視釈天下若釈躧。今去西河而泣、何也。呉起抿泣而応之曰、子不識。君知我而使我畢能西河可以王。今君聴讒人之議、而不知我。西河之為秦不久矣。魏従此削矣。呉起果去魏入楚。有間、西河畢入秦、秦日益大。此呉起之所先見而泣也。

◉呉起――戦国、衛の人で、魏の将となる。◉西河の外――魏の黄河以西の土地。◉躧――ぞうり。◉抿う――拭うこと。

一二七　せっかくの先見の明も

魏の国の公叔痤が病にたおれ、恵王はみずから見舞ってたずねた。「公叔の病気は、たいそう重い。これからの国事をどうしたらよいものだろう」。公叔は答えた。「わたしの御庶子である公孫鞅はできる男です。どうかかれに国事をおまかせください。もしそれができないならば必ずかれを殺し、絶対に国外に出さないでください」。恵王はこれに答えず、部屋から出ると側近の者にいった。「本当に気の毒だ。公叔のような賢人でも、今日わたしに公孫鞅に国事をまかせよという。まともじゃない」。公叔が死ぬと公孫鞅は西して秦の国へ行った。秦の孝公はかれを信任した。はたして秦はそれ以後強大となり、魏は弱体化していった。がんらい公叔痤が惑乱していたのではなくて、間違っていたのは魏王だったのである。いったい惑乱している者の禍患は、間違っていない者を間違っていると決めつけるところにある。（仲冬紀長見）

魏の公叔痤疾む。恵王往きて之に問いて曰わく、「公叔の病甚し。将た社稷を奈何せん」。公叔対えて曰わく、「臣の御庶子鞅、願わくは王、国を以て之に聴け。為し聴くこと能わざれば、必ず之を殺し、境を出ださしむること勿れ」。王応えず。出でて左右に謂いて曰わく、「豈れ悲しからずや。公叔の賢を以てして今寡人に必ず国を以て鞅に聴けと謂いしは、悖れるかな」。公叔死し、公孫鞅西して秦に遊ぶ。秦の孝公之に聴く。秦果して用って彊く、魏果して用って弱し。公叔痤の悖れるに非ずして、魏王則ち悖れるなり。夫れ悖れる者の患は、固より悖らざる者を以て悖れりと為すなり。

魏公叔痤疾。恵王往問之、曰、公叔之病、甚矣。将奈社稷何。公叔対曰、臣之御庶子鞅、願王以国聴之也。為不能聴、必殺之、勿使出境。王不応。出而謂左右曰、豈不悲哉。以公叔之賢、而今謂寡人必以国聴鞅、悖也夫。公叔死、公孫鞅西游秦。秦孝公聴之。秦果用彊、魏果用弱。非公叔痤之悖也、魏王則悖也。夫悖者之患、固以不悖為悖。

◉御庶子——御者で衛の国の公族の一員であるもの、の意。◉鞅——公孫鞅、衛鞅のこと。また秦に功績があり商の地に封ぜられたので、商鞅ともいう。秦の孝公に厳刑を通じて強国の術を説いたので有名。『商君書』二十六篇がある。

一二八　北郭子、節に死す

斉の国の北郭騒は、兎捕りの網をつくり、蓆を織り、麻の靴を縫いなどして生計を立て、母を養っていたが、生活はひどく苦しかった。そこで晏子の家に行き頼んだ。「ぜひ母親の面倒をみる分をご援助ください」。晏子の家僕が晏子にいった。「この方は斉国の賢者です。かれの気節は天子に臣たることを肯んじませんし、あえて諸侯の友ともなりません。不義の利はかりそめにも取らず、危難もそれが正当であればあえて避け、恐れません。現在母親への援助を求めているのは、あなたの道義心に敬服するところがあるからです。どうぞお与えください」。晏子は人をやって食糧と金銭とをかれに送らせた。北郭騒は金銭を辞退し、食糧を受け取った。

斉に北郭騒なるものあり、罘罔を結び、蒲葦を捆き、葩屨を織り、以てその母を養うも猶お足らず。門に踵りて晏子に見えて曰わく、「願わくは母を養う所以を乞う」。晏子の僕晏子に謂いて曰わく、「此れ斉国の賢者なり。その義天子に臣たらず、諸侯に友たらず。利に於て苟くも取らず、害に於て苟くも免れず。今母を養う所以を乞うは、是れ夫子の義を説べばなり。必ず之に与えよ」。晏子人をして倉粟と府金とを分かちて之に遺らしむ。金を辞して粟を受く。

斉有北郭騒者、結罘罔、捆蒲葦、織葩屨、以養其母猶不足。踵門見晏子曰、願乞所以養母。晏子之僕謂晏子曰、此斉国之賢者也。其義不臣乎天子、不友乎諸侯。於利不苟取、於害不苟免。今乞所以養母、是説夫子之義也。必与之。晏子使人分倉粟府金而遺之。辞金受粟。

◉罘罔――兎などをとる網。　◉蒲葦――がまやあし。これを叩いて柔らかくしてむしろをつくる。　◉葩屨――麻の類でつくった靴。　◉晏子――晏嬰のこと。春秋、斉の名宰相。字は平仲、節倹力行の人として知られる。　◉府金――府庫の金。

しばらくして、晏子は斉君に疑われ、出奔し、その折り北郭騒の住居をたずね別れを告げた。北郭騒は沐浴し、身を清めて出てくると晏子にたずねた。「あなたはどちらにお出かけですか」。晏子はいった。「斉君に疑いをかけられたので、いま亡命するところです」。北郭子はいった。「どうぞお大事に」。晏子は車に乗ると溜息をついていった。「わたしの亡命も思えば当然のことだ。まるきり人を見る目がないのだから」。こういって晏子はその場を離れた。

間くありて、晏子斉君に疑われ、出奔し、北郭騒の門を過ぎて辞す。北郭騒沐浴して、出でて晏子に見えて曰わく、「夫子将に焉にか適かんとす」。晏子曰わく、「斉君に疑われ、将に出で奔らんとす」。北郭子曰わく、「夫子之を勉めよ」。晏子車に上り、太息して歎じて曰わく、「嬰の亡ぐるも豈れ宜ならずや。亦た士を知らざること甚し」。晏子行る。

有間、晏子見疑於斉君、出奔、過北郭騒之門而辞。北郭騒沐浴而出見晏子曰、夫子将焉適。晏子曰、見疑於斉君、将出奔。北郭子曰、夫子勉之矣。晏子上車、太息而歎曰、嬰之亡豈不宜哉。亦不知士甚矣。晏子行。

◉沐浴——髪を洗うのが沐、身体を洗うのが浴。ここでは身を清めて、の意。

晏子が去ると、北郭子は友人を招き訴えた。「わたしは晏子の道義心に敬服し、かつて母親を養うために援助を頼んだ。わたしはこういう諺（ことわざ）を知っている。『親の面倒をみてもらったら、その人の災難をひっかぶれ』と。いま晏子は斉（せい）君に疑われ困難な状況にいます。わたしはわたしの生命を賭けてかれを助けねばなりません」。こういうと衣冠をつけて正装し、友人に剣と四角の箱とをもたせて従者とし、斉君の宮殿に行き、取り次ぎの役人にいった。「晏子は天下の賢者です。もしかれがこの国を去れば、斉の国は他国に侵略されましょう。国が他国に侵略されるのを見るくらいならば、死んだほうがましです。わたしの頭（こうべ）をあなたにおまかせしますから、どうかそれで晏子の潔白を明かすようすがとしてください」。そして友人にいった。「わたしの頭をこの箱の中におさめ、これを取り次ぎの役人に託してほしい」。その場を離れると北郭子は自殺した。友人はいわれたとおりに取り次ぎの役人に託した。そのうえで友人は取り次ぎの役人にいった。「北郭子は国を思って死んだ。わたしはいまその北郭子のために死のう」。かれも席をはずすと自殺して果てた。

北郭子その友を召して之に告げて曰わく、「吾れ晏子の義を説び、嘗て母を養う所以を乞えり。吾れ之を聞くに曰わく、『養い親に及べるものは、身その難に伉る』と。今晏子疑わる。吾れ将に身を以て死して之を白かにせん」。衣冠を著け、その友をして剣を操り笥を奉じて従わしめ、君庭に造り、復者に求めて曰わく、「晏子は、天下の賢者なり。去らば則ち斉国必ず侵されん。必ず国の侵さるるを見るは、先に死するに若かざるなり。請う頭を以て託して晏子を白かにせん」。因りてその友に謂いて曰わく、「吾が頭を笥中に盛り、奉じて以て託せよ」。退きて自ら刎せり。その友因りて奉じて以て託す。その友復者に謂いて曰わく、「北郭子は国の為の故に死せり。吾れは将に北郭子の為に死せん」。又退きて自ら刎せり。

北郭子召其友而告之曰、吾説晏子之義、而嘗乞所以養母焉。吾聞之曰、養及親、身伉其難。今晏子見疑。吾将以身死白之。著衣冠、令其友操剣奉笥而従、造於君庭、求復者曰、晏子、天下之賢者也。去則斉国必侵矣。必見国之侵也、不若先死。請以頭託白晏子也。因謂其友曰、盛吾頭於笥中、奉以託。退而自刎也。其友因奉以託。其友謂復者曰、北郭子為国故死。吾将為北郭子死也。又退而自刎。

◉伉る――あたる、と同じ。◉笥――物を盛る竹の器。丸いものを籠といい、四角なものを笥という。◉復者――取り次ぎの役人。

斉君はこのことを聞き知ると、おおいに驚き、駅伝を飛ばしてみずから晏子を探し求め、国境のところで追いつき、国に戻るよう説得した。晏子もやむをえず斉国に帰った。そこで北郭騒が生命を賭して晏子の潔白を明らかにしたことを知って、いった。「わたしの亡命も思えば当然のことだ。まるきり人を見る目がなかったのだから」。（季冬紀　士節）

斉君之を聞き、おおいに駭き、馹に乗じて自ら晏子を追い、之に国郊に及び、請いて之を反さんとす。晏子已むを得ずして反る。北郭騒の死を以て己れを白かにするを聞くや、曰わく、「嬰の亡ぐるは豈れ宜ならずや。亦た愈いよ士を知らざること甚し」。

斉君聞之、大駭、乗馹而自追晏子、及之国郊、請而反之。晏子不得已而反。聞北郭騒之以死白己也、曰、嬰之亡豈不宜哉。亦愈不知士甚矣。

◉駟――駅伝のこと。車の場合を伝といい、騎の場合を駟という。◉国郊――国境の地。

▼この説話は真の士とはいかなるものであるかを、斉の北郭騒の晏子に対する行為を通して述べたものである。しかし何ともうら悲しい話である。それは、北郭騒が、晏子の無実を証明する証拠を何ももたず、しかも晏子を助けねばならぬという難しい局面に立たされ、自分の生命を犠牲にすることによってしか、道は開けないと知り、それを実行するからである。しかもそうする最大の理由は、親の経済的な面倒をみてもらったからである。『史記』「刺客列伝」中の聶政の場合もこれとよく似ている。

一二九　介子推の固い節操

富貴であれば人を得るのも易しいが、貧賤ではそれも難しい。むかし晋の文公は亡命し、諸国を放浪していたとき、それは貧しくまたみすぼらしいものであった。しかし介子推が文公に付き従って去ることがなかったのは、かれにせねばならぬことがあったからである。文公が国に帰り大国の君主に即くと介子推が離れ去ったのは、もはやせねばならぬことがなくなったからである。晋の文公は、難しいときに人を得ることができ、容易なときにそれができなかった。この点に文公が覇者(はしゃ)にはなったが徳を以(もっ)て天下に号令する王者になれなかった理由がある。晋の文公が国に帰ったとき、介子推は褒賞(ほうしょう)を受け取ることを拒否し、みずから詩をつくっていった。「一匹の竜が飛び立ち、天下をめぐった。五匹の蛇が付き従って、竜を支援した。やがて竜は故国に帰り、然(しか)るべき位(くらい)についた。四匹の蛇も一緒に帰って、然るべき褒賞をうけた。ただ一匹だけがそれを恥じ、曠野(こうや)に朽(く)ちはてた」。書き終わるとこれを公門(こうもん)にかけて、山中に隠棲(いんせい)してしまった。文公はこのことを聞くといった。「ああ、それはきっと介子推のしわざだ」。そこで宿舎も衣服も変えて身をととのえたうえで、国中に命令した。「介子推を探し出した者は、大臣に任命し、百万畝(ほ)の田地を与える」。或る者が山中で、釜を背負い笠をかぶった介子推に出遇(であ)い、それと知らずにたずねた。「介子推の居場所をご存知ですか」。その答え。「いったい介子推は人の中に入るのが嫌(いや)で山中に隠棲したのだから、どうしてわたしなどが知りましょう」。こういうと背を向けて去り、以後ずっと現れることがなかった。人々の気持ちの相違には、本当に甚(はなは)だしいものがある。いまの世の中で利益を追求する者は、朝早くから夜晩(おそ)くまで、唇(くちびる)を焦(こ)がし口を乾(かわ)かして、日夜利益を得ようと考えながら、しかもそれを得られずにいる。それなのに介子推は利益を手にすることができながら、さっさと棄(す)てて逃げ去ってし

まった。まことに介子推は世俗と遠くかけ離れた人物である。（季冬紀　介立）

貴富を以て人を有するは易く、貧賤を以て人を有するは難し。昔、晋の文公出亡し、天下に周流す。窮なり賤なり。而して介子推の去らざるは、以て之を有することあればなり。国に反り万乗を有して介子推の之を去るは、以て之を有することなければなり。その難きを能くしてその易きを能くせざるは、此れ文公の王たらざる所以なり。晋の文公国に反り、介子推賞を受くるを肯んぜず、自ら為に詩を賦して曰わく、「竜あり于に飛び、天下に周徧す。五蛇之に従い、之が丞輔と為る。竜その郷に反り、その処所を得。四蛇之に従い、その露雨を得。一蛇之を羞じ、中野に橋死す」。書を公門に懸けて、山下に伏す。文公之を聞きて曰わく、「譆、此れ必ず介子推ならん」。舎を避け服を変え、士庶人に令して曰わく、「能く介子推を得たる者あらば、上卿に爵し、田百万」。或る人、之に山中に遇う。釜を負い簦を蓋う。焉に問いて曰わく、「請い問う、介子推は安に在りや」。之に応じて曰わく、「夫れ介子推は苟も見るることを欲せずして隠れんと欲す。吾独り焉んぞ之を知らん」。遂に背いて行り、終身見れず。人心の同じからざること、豈れ甚しからずや。今世の利を逐うもの、早に朝して晏に退き、脣を焦がし嗌を乾かし、日夜之を思うも、猶お未だ之を得ること能わず。今之を得れども務めて疾く之を逃れんとす。介子推の俗を離るること遠し。

以貴富有人易、以貧賤有人難。昔晋文公出亡、周流天下。窮矣賤矣。而介子推不去、有以有之也。反国有万乗、而介子推去之、無以有之也。能其難、不能其易、此文公之所以不王也。晋文公反国、介子推不肯受賞、自為賦詩曰、有竜于飛、周徧天下。五蛇従之、為之丞輔。竜反其郷、得其処所。四蛇従之、得其露雨。一蛇羞之、橋死於中野。懸書公門、而伏於山下。文公聞之曰、譆、此必介子推也。避舎変服、令士庶人曰、有能得介子推者、爵上卿、田百万。或遇之山中。負釜蓋簦。問焉曰、請問介子推安在。応之曰、夫介子推苟不欲見而欲隠。吾独焉知之。遂背而行、終身不見。人心之不同豈不甚哉。今世之逐利者、早朝晏退、焦脣乾嗌、日夜思之、猶未之能得。今得之而務疾逃之。介子推之離俗遠矣。

◉文公——名は重耳。晋の献公の太子申生の異母弟。麗姫の乱にあい、太子申生が殺されたので難を避けて翟に奔り、諸国を流浪した。後、帰国し文公となり、五覇の一となる。

◉介子推——春秋、晋の人。晋の文公に従って出亡し、諸国を放浪すること十九年で国に帰った。　◉万乗——一万台の兵車。またそれを出すことのできる広い領土、およびその領主。　◉五蛇——文公に従った趙襄・狐偃・賈他・魏犨および介子推の五人。　◉丞輔——輔佐して助ける。◉露雨——ここでは恩賞のこと。◉槁死——枯死すること。
◉簦——笠の柄のあるもの。

一三〇　爰旌目の潔癖さ

東方の名を爰旌目という者、所用で旅に出たが、道中で餓え倒れた。狐父の盗賊で名は丘というものがかれを見つけ、水に浸した飯を与え食べさせた。爰旌目は三口ほど食べてはじめて目もよく見えるようになった。そしてたずねた。「あなたはどなたですか」。答えた。「わたしは狐父の丘だよ」。爰旌目はいった。「ああ、あなたは盗賊ではないか。なんでわたしに食べさせたのか。わたしは正義を重んじるから盗賊のものを食べるわけにはいかない」。こういうと、両手を地について吐き出そうとしたが、なかなか出ない。むりやり吐き出した。そして地に倒れて息絶えた。（季冬紀介立）

東方に士ありて爰旌目と曰う。将に適くことあらんとして、道に餓う。狐父の盗の丘と曰う者、見て壺餐を下して以て之に餔せしむ。爰旌目三たび之を餔してのち能く視る。曰わく、「子は何為る者ぞや」。曰わく、「我れは狐父の人、丘なり」。爰旌目曰わく、「ああ、汝は盗に非ずや。胡為れぞ我れに食わしむるや。吾れ義として子の食を食わず」。両手地に拠りて之を吐けども出でず。喀喀然たり。遂に地に伏して死せり。

東方有士焉曰爰旌目。将有適也、而餓於道。狐父之盗曰丘、見而下壺餐以餔之。爰旌目三餔之而後能視。曰、子何為者也。曰、我狐父之人丘也。爰旌目曰、譆、汝非盗邪。胡為而食我。吾義不食子之食也。両手拠地而吐之、不出。喀喀然。遂伏地而死。

◉壺餐——壺に盛った食物。水かけ飯。　◉餔す——すする、たべる。　◉喀喀然——嘔吐の形容。

一三一　伯夷・叔斉、周政を批判する

昔、周の勃興期に、孤竹というところに伯夷・叔斉という二人の人物がいた。二人はいった。「どうやら西の方の覇主は有道者のようだが、われわれも行ってみようではないか」。二人は西方に旅して周の岐陽にたどりついてみると、文王はすでに没していた。武王が位に即いた。二人が周の徳を観察してみると、武王は周公旦に命じて膠鬲に四内の地を治めさせ、これと誓っていうのに「富は三等を加え、官に就くことは同列である」と。同文の三部の書をつくり、犠牲の血を塗り、一部は証拠に四内の地に埋め、周公旦と膠鬲とがそれぞれ一部を持ち帰った。また召公奭に命じて微子啓に共頭山のほとりを治めさせ、これと誓っていうのに「代々諸侯の頭となり、殷の宗廟を守り、湯王の楽である桑林を奉じ、孟諸の沢を私有地となすべし」と。同文の三部の書をつくり、犠牲の血を塗り、一部は共頭山のほとりに埋め、召公奭と微子啓とがそれぞれ一部を持ち帰った。

昔、周の将に興らんとするや、士二人ありて、孤竹に処り、伯夷・叔斉と曰う。二人相い謂いて曰わく、「吾れ聞く西方に偏伯ありて、将に道を有せんとする者に似たり。今吾れ奚為れぞ此こに処らんや」。二子西行して周に如き、岐陽に至らば、則ち文王已に歿しぬ。武王位に即く。周の徳を観るに、則ち王、叔旦をして膠鬲に四内に就かしめ、之と盟いて曰わく、「富を加うること二等、官に就くこと一列にせん」。三書を為りて辞を同じくし、之に血ぬるに牲を以てして、一を四内に埋め、皆一を以て帰る。又た保召公をして微子開に共頭の下に就かしめ、之と盟いて曰わく、「世々長侯と為り、殷の常祀を守り、桑林を相い奉じ、宜しく孟諸を私すべし」。三書を為りて辞を同じくし、之に血ぬるに牲を以てして、一を共頭の下に埋め、皆一を以て帰る。

昔周之将興也、有士二人、処於孤竹、曰伯夷・叔斉。二人相謂曰、吾聞西方有偏伯焉、似将有道者。今吾奚為処乎此哉。二子西行如周、至於岐陽、則文王已歿矣。武王即位。観周徳、則王使叔旦就膠鬲於四内、而与之盟曰、加富三等、就官一列。為三書同辞、血之以牲、埋一於四内、皆以一帰。又使保召公就微子開於共頭之下、而与之盟曰、世為長侯、守殷常祀、相奉桑林、宜私孟諸。為三書同辞、血之以牲、埋一於共頭之下、皆以一帰。

◉孤竹――殷のときの国の名。　◉伯夷・叔斉――殷末周初の人。兄弟。清廉の士として有名。『史記』に「伯夷列伝」がある。　◉偏伯――紂は文王を西伯、西方の覇者に任命した。一方の伯（覇）者であるから、偏伯という。　◉叔旦――周の武王の弟、周公旦のこと。　◉膠鬲――文王の臣下から、文王に推薦されて紂王に仕えた賢人。　◉四内――地名。　◉保召公――太保である召公奭のこと。　◉微子開――微子啓のこと。紂王の庶兄。紂を諫めたがきかれず、国を去った。のち宋に封ぜらる。　◉長侯――諸侯の頭。
◉常祀――先祖の例祭。宗廟の祭り。　◉桑林――殷の湯王の楽の名。　◉孟諸――大沢の名。ここから入漁料その他の金が入って大きな利益をもたらす。　◉私――私有する。

伯夷と叔斉はこの話を聞くと、顔を見合わせて笑った。「ああ、不思議だなあ。これはわたしがいう道ではない。むかし神農氏が天下を治めていたとき、四季の祭りに敬意を尽すだけで、その見返りに福を求めることはなかった。民衆に対しては、誠実さで天下を治めるだけで、民に何かを求めることはなかった。正しいことを楽しんでともに正しいことをし、治めることを楽しんでともに治めることを目標とした。他人の失敗に乗じて成功しようとはせず、他人の欠点につけこんで得意になろうともしなかった。いま周は、殷の擾乱を見ると、にわかに正しいことと治まることを目標にかかげ、計略を用い、賄賂をやり、兵力をたのんで威厳を保持しようとし始めた。そして犠牲を殺しその血をぬって固い誓いとし、四内と共頭の地とを与えることでこれを保証し、周が殷の悪政を倒すという夢を宣伝して民衆を喜ばせ、そのうえで紂王を殺して自分らの利益を求めている。こうした仕方で殷のあとを継ぐのは、さながら乱を以て暴に代わるのと等しい。わたしはこう聞いている。『昔の士は、治世に生きたならば、己れの責任を全うし、乱世に出会ったならば、かりにもそこに居つづけない』と。いま天下は暗く、周の徳も衰えた。そうした周と一緒になって自分の身を汚すよりは、周の国を避けて、自分の行いを清らかに保つに越したことはない」。こういうと二人は北をめざして行き、首陽山にたどりつき、そこで餓えて死んだ。

伯夷叔斉之を聞き、相い視て笑いて曰わく、「譆、異なるかな。此れ吾れの所謂る道に非ざるなり。昔、神農氏の天下を有するや、時祀に敬を尽して福を祈らざるなり。その人に於けるや、忠信治を尽して求むることなきなり。正を楽しんで与に正を為し、治を楽しんで与に治を為せり。人の壊を以て自ら成さず、人の庳を以て自ら高しとせず。今周は殷の僻乱を見るや、遽に之が正と治とを為し、謀を上んで貨を行り、兵を阻んで威を保たんとす。牲を割きて盟いて以て信と為し、四内と共頭とに因りて以て行を明らかにし、夢を揚げて以て衆を説ばせ、殺伐以て利を要む。此れを以て殷に紹ぐは、是れ乱を以て暴に易うるなり。吾れ聞く、『古の士は、治世に遭いて、その任を避けず、乱世に遭いて、苟くも存することを為さず』と。今天下闇く、周徳衰えたり。その周に並びて以て吾が身を漫さんよりは、之を避けて以て吾が行いを潔くするに若かず」。二子北行し、首陽の下に至りて餓死せり。

伯夷叔斉聞之、相視而笑曰、譆、異乎哉。此非吾所謂道也。昔者神農氏之有天下也、時祀尽敬而不祈福也。其於人也、忠信尽治而無求焉。楽正与為正、楽治与為治。不以人之壊自成也、不以人之庳自高也。今周見殷之僻乱也、而遽為之正与治、上謀而行貨、阻兵而保威也。割牲而盟以為信、因四内与共頭以明行、揚夢以説衆、殺伐以要利。以此紹殷、是以乱易暴也。吾聞、古之士、遭乎治世、不避其任、遭乎乱世、不為苟存。今天下闇、周徳衰矣。与其並乎周以漫吾身也、不若避之以潔吾行。二子北行、至首陽之下而餓死焉。

◉神農氏――上古の伝説上の帝王の一人。◉時祀――四季折り折りの祭り。◉壊――失敗。◉庳――卑と同じ。ひくいこと。◉貨を行る――賄賂を送る。

人の情には、重んずるところがあり、軽んずるところがある。重んずるところがあれば、これを完全にやりとげようとし、軽んずるところがあれば、それで重んずるところを養い育てようとする。伯夷・叔斉のこの二人は、ともに自分の身をかえりみず生命を棄て、そうすることによって自分の意志を通したのである。ものの価値がはっきりしていたからである。（季冬紀　誠廉）

人の情、重んずるところあらざるなく、軽んずるところあらざるなし。重んずるところあれば則ち之を全うせんと欲し、軽んずるところあれば則ち以て重んずるところを養う。伯夷・叔斉、此の二士なるものは、皆身を出し生を棄てて以てその意を立つ。軽重先ず定まればなり。

人之情莫不有重、莫不有軽。有所重則欲全之、有所軽則以養所重。伯夷・叔斉、此二子者、皆出身棄生以立其意。軽重先定也。

◉軽重——義を重しとし、生を軽しと見る、ものの価値観、の意。

一三二　復讐の論理

予譲の友人が予譲に向かっていった。「あなたの行動はどうもわかりにくい。あなたは以前范氏にも中行氏にも仕えた。智氏が范氏・中行氏を全滅させたが、あなたは何の報復もしなかった。ところがのちに智氏に仕えその智氏が滅ぼされるとこんどは復讐しようとする。どういうわけなのだ」。予譲は答えた。「そのわけはこうです。わたしが范氏・中行氏に仕えましたとき、この二君はわたしが寒えても衣服を恵んではくれず、腹を餓え空かしても食物を恵んではくれませんでした。しかも時にはわたしを一般人と同じに処遇いたしました。わたしを並みの人間として待遇したのです。いったいわたしを並みの人間として待遇したのですから、わたしもやはり並みの人間としてお仕えいたしました。智氏の場合は違います。外出するときには車を用意し、家には十分な俸禄をいただき、大勢が集まるときにはわたしを別格に待遇してくださました。これはわたしを一国の賢士として待遇するものです。いったいわたしを一国の賢士として待遇したのですから、わたしも一国の賢士としてお仕えするのです」。予譲は一国の賢士である。それでもやはり人が自分をどう思い待遇したかを問題とする。まして普通人の場合はなおさらのことである。（季冬紀　不侵）

予譲の友予譲に謂いて曰わく、「子の行いは何ぞそれ惑えるや。子は嘗て范氏・中行氏に事え、智氏尽く之を滅ぼせども、子報を為さず。智氏に至りて子必ず之が報を為すは、何の故ぞや」。予譲曰わく、「我れ将に子にその故を告げん。范氏・中行氏は、我れ寒すれども我れに衣せず、我れ饑うれども我れに食わしめず。而して時に我れをして千人とその養いを共にせしむ。是れ衆人もて我れを畜うなり。夫れ衆人もて我れを畜う者には、我れも亦た衆人もて之に事う。智氏に至らば則ち然らず。出づれば則ち我れを乗するに車を以てし、入りては我れを足らしむるに養いを以てし、衆人広く朝して必ず礼を吾が所に加う。是れ国士もて我れを畜うなり。夫れ国士もて我れを畜う者は、我れも亦た国士もて之に事う」。予譲は国士なり。而も猶お人の己れに於けるを以て念と為す。又た況んや中人に於てをや。

予譲之友謂予譲曰、子之行何其惑也。子嘗事范氏・中行氏、智氏尽滅之、而子不為報。至於智氏、而子必為之報、何故。予譲曰、我将告子其故。范氏・中行氏、我寒而不我衣、我饑而不我食。而時使我与千人共其養。是衆人畜我也。夫衆人畜我者、我亦衆人事之。至於智氏則不然。出則乗我以車、入則足我以養、衆人広朝、而必加礼於吾所。是国士畜我也。夫国士畜我者、我亦国士事之。予譲、国士也。而猶以人之於己也為念。又況於中人乎。

◉予譲——春秋末期、晋の智伯の客。智伯が殺されてのち、身に漆をぬり炭を呑んで声を変え、智伯の復讐を図るが失敗し、自殺する。 ◉范氏・中行氏——范氏・中行氏・智氏および韓・魏・趙氏が晋の六卿であった。晋が乱れたとき、范氏・中行氏が叛き、これを趙氏・智氏が伐った。その地は趙氏と智氏とに二分された。その翌年、智氏は韓・魏・趙三氏に滅ぼされる。 ◉国士——一国を代表する人物、賢士。

一三三　序

秦が王者になって八年目、歳は申、秋七月一日甲子の日、君子が十二紀の意義を問われた。わたくし文信侯はお答えした。「かつて黄帝は顓頊にこう教えられた。大空は上にあり、大地は下にある。汝はこの天地のありように則って、民のよき父母となれ、と。ここからも昔の平和な世界は、すべて天地自然に則ったものであることがわかります。いったい十二紀とは、治乱興亡の由来を記述し、寿夭吉凶の法則を解明するものです。上は天文にはかり、下は地理にうかがい、中は人事から推量する。こういうわけで一切の是非や可不可は十二紀にすべて描かれて逃れようもなく分明です。天の道を順といい、天道に順応すれば成長する。地の道を固といい、堅固な意志をもてば安寧である。人の道を信といい、信愛であればだれもが聴き従う。この三つのものが適切であれば、自然にして無為のうちに万事が行われます。いわゆる行うとは、道をふみ行うことです。こうして道をふみ行い、理法に従い、私欲を去ることが大切なのです」。（季冬紀　序意）

維れ秦の八年、歳は涒灘に在り。秋甲子朔、朔の日、良人十二紀を請い問う。文信侯曰わく、「嘗て黄帝の以て顓頊に誨えし所以を学ぶを得たり。『大圜上に在り、大矩下に在る。汝能く之に法りて民の父母と為れ』と。蓋し聞く古の清世は、是れ天地に法る。凡そ十二紀は、治乱存亡を紀す所以なり、寿夭吉凶を知る所以なり。上は之を天に揆り、下は之を地に験し、中は之を人に審らかにす。此くの若くすれば、則ち是非可不可遁るるところなし。天を順と曰い、順なれば維れ生く。地を固と曰い、固なれば維れ寧し。

人を信と曰い、信なれば維れ聴う。三つのもの咸当たれば、無為にして行わる。行うとは、その数を行うなり。その数を行い、その理に循い、その私を平にするなり」。

維秦八年、歳在涒灘。秋、甲子朔、朔之日、良人請問十二紀。文信侯曰、嘗得学黄帝之所以誨顓頊矣。爰有大圜在上、大矩在下。汝能法之、為民父母。蓋聞古之清世、是法天地。凡十二紀者、所以紀治乱存亡也、所以知寿夭吉凶也。上揆之天、下験之地、中審之人。若此則是非可不可無所遁矣。天曰順、順維生。地曰固、固維寧。人曰信、信維聴。三者咸当、無為而行。行也者、行其数也。行其数、循其理、平其私。

◉秦八年――この歳は秦始皇即位八年ではなくて、荘襄王が周を亡ぼして以来の八年目、すなわち始皇六年(紀元前二四一年)をさす。◉涒灘――歳星が申の位置にある歳をいう。◉良人――君子。男子の尊称。◉文信侯――呂不韋をいう。◉爰有――二字で有り、の意。◉大圜――大円で、天空のこと。◉大矩――矩は方のことで、大地をいう。◉数――道。

▼古書で作意を述べる文章は、『荘子』『淮南子』『史記』等、いずれも全書の終わりにあ

る。『呂氏春秋（りょししゅんじゅう）』は、十二紀（き）・八覧（らん）・六論（ろん）の三部から成っており、最初はそれぞれが独立して別行していたと思われる。十二紀もひとつのまとまりとして存在したからこそ、ここに序に該当する文章が置かれたのであろう。ただこの序文は、後半が欠落していて、完全なものではない。残念なことではあるが、それも伝来の古さを思えば致し方ないことである。

解説――『呂氏春秋』の世界

一　秦の始皇帝と呂不韋

前三世紀、全中国を戦場として争われた戦国時代末期の動乱を『呂氏春秋』はこう伝えている。「今周室既に滅びて、天子、已に絶ゆ。乱は天子なきより大なるはなし。天子なければ強者は弱きに勝ち、衆きもの寡きを暴し、兵を以て相い残いて休息するを得ざらしむ。今の世これに当たれり」（「謹聴篇」）。まことに「当今の時、世闇きこと甚し」（「期賢篇」）である。現状の社会不安へのこうした認識は、とりもなおさず新しい王者の出現を待望する世論でもあった。

前二二一年、秦の始皇帝は全中国を統一する。即位以来二十六年目のことであった。『史記』「始皇本紀」の二十六年の条に、十七年韓王安、十九年趙王遷を虜とし、二十二年魏王仮を降し、同年荊王負芻を捕らえ、二十五年燕王喜、そして二十六年東方の大国斉の王建を得て六国を平定しつくし、「秦初めて天下を幷す」とある。統一は成った。しかしこの軍事的勝利ののちに、秦はどのような政治をこの広大な統一中国に行おうというのであろうか。思えばかつてだれもこれほどに広大な世界を支配した者はいない。当然これからの政治を組み立ててゆくべきはっきりした青写真もない。すべてにわたって一つずつ創り上げていかねばならない。周王朝の轍を踏むことはできない。そこで考え出されたものこそ皇帝支配の原則であり、これと連動する郡県制と呼ばれる支配体制であった。そしてこの政治体制は、以後二千年間にわたって継続する。

統一の年の『史記』「始皇本紀」二十六年の条の末尾に次のような一節がある。

> 秦は諸侯を破るごとにその宮室を写放て、これを咸陽の北阪上につくり、南のかた渭（水）に臨ましむ。雍門より以東、涇（水）渭（水）に至るまで、殿屋複道、周閣相い属く。得たるところの諸侯の美人、鐘鼓、以てこれに充入す。

これによれば、秦の都咸陽の街を飾り立てる土木工芸、宮殿楼閣の数々は、すべて秦が戦国諸侯の国を破るたびに計画的にそこから移植搬入し、見事に模造したものである。やがて造営される阿房宮の巨大さも、多くの離宮の色鮮やかな調度の品々も、すべて全国から呼び集められ、あるいは強制的に駆り集められた工人たちの手によってつくられるのである。そしてその高楼を諸侯国からこれまたむりやり連れてこられた美女たちが埋めていく。これらのことがたいへんな情熱をもって実施されたであろうことは、近年発掘されて話題になった秦の始皇東陵の地下から出土した軍馬や武士のおびただしい数の俑、またそのすばらしい造形を見てもうなずけるところであろう。要するに始皇帝は、秦が中国を政治軍事的に統一し、みずからがその頂点に立ったとき、文化芸術の面でも秦の都咸陽が中心で、そこから中国全土に放射状に万事が発出していくものでなければならないと考え、また事実そのように都をつくりあげていったのである。

実は始皇帝と同じことを、これより二十数年ほど以前の秦の宰相、呂不韋という男が考えていた。始皇帝はこの呂不韋の発想を継承しつつ、より大規模に展開して見せたのである。戦国時代の末期、魏には信陵君、楚には春申君、趙に平原君、斉に孟嘗君がいて、世間ではかれらを戦国の四君子と呼び、その名声は広く伝わっていた。かれらは中国の全土から有能の士を招致していた。それぞれが何百、何千という士人、すなわち客を擁し、主客の固い結束を誇っていた。主人に人を呼び集めるに足る魅力があるからこそ客も集まるわけで、したがって客の多さは名声の高さにつながり、一方で客が、何らかの能力をもつ者であれば、多数の客を有することは、そのまま大きな社会的勢力をもつことを意味する。つまり四君子は、すぐれて高い名声とともに絶大な社会的勢力をも有していたのである。

秦の宰相呂不韋は、秦の強大な国力を背景にしながら中原諸国のかれらに及ばないことを恥じた。そこで鋭意賓客を優遇し、士人を秦に招致することにつとめた。おそらく多くの金が動いたことであろう。やがて客は三千人にも達した。むろんさまざまな技芸をもった客の集団であったろう。有名な孟嘗君の雞鳴狗盗の客にしても、その技芸からすれば物まねや泥棒であって、そう立派な芸ではない。秦に集まった客にしてもまさに多種多様、いわゆるピンからキリまでの者であったろう。呂不韋はその中での上客、つまり学問才識のすぐれた者を選んで、かれらに命じてそれぞれが聞き知っている事柄を記録にとらせた。それは二十万言にも及んだという。呂不韋はこうして集められた資料を編輯して一書とし、ここに「天地万物古今の事を備えたり」と称して、これを『呂氏春秋』と名づけた。「呂不韋一家の記録集」といった意味あいである。さらにこの書を咸陽の市場の門にかけて、この書の一字でも欠点を指摘し修正する者があれば千金を与えると賞金をかけた。むろん応ずるものはだれもいない。呂不韋は得意であった。前二四〇年のころ、始皇帝即位初年のことであった。

　おおよそこれが『史記』「呂不韋伝」に見える『呂氏春秋』成立の由来である。その要点は、呂不韋が中原諸国に対抗して秦の国力・文化のかさあげをもくろんで賓客を招集し、大部の書を刊行したというところにある。『呂氏春秋』が世に出たとき、秦の国家のイメージは、呂不韋が予期したとおりかなりの程度に高まったことであろう。経世家としての呂不韋の業績として立派なものと評価してよい。

　それではいったい、この呂不韋という男、如何なる人物であったのであろうか。より精しい行状や伝記は、『戦国策』「秦策」五や『史記』「呂不韋列伝」二十五に見える。

いま『史記』の記述を主として見ればおよそこうである。かれは河南の陽翟の商人であった。何を商っていたかは不明だが、おそらく鉄を主として国際的に活躍する商人、それも多分に政治がらみで行動するいわゆる政商でもあったろう。だから当時の鉄生産の中心地である趙の都邯鄲にも住んでいたのであろう。そしてこの邯鄲の都にのちに始皇帝の父となる荘襄王、当時は秦の王子子楚が人質として暮らしていた。たまたま呂不韋はこの子楚と知り合う機会をもった。「奇貨居わうべし」、かれは子楚を絶好の投機対象と考え、じっくりと計画を練った。まずかれは大金を子楚に与えて名士たちと交際させ、社交界に名を売らせた。金離れもよく面倒見もよいとあっては評判が悪かろうはずはなく、それはまもなく本国の秦にも聞こえた。もともと子楚は数多い公子の一人で、本国では忘れられた存在であった。しかし子楚がひとたび外国で有名になると本国もあらためて注目し、やがてかれは本国へ呼びもどされた。そこへ呂不韋の猛烈な子楚売りこみ運動が行われた。とりわけ当時の陰の実力者である昭襄王の太子の妃、華陽夫人にとりいったことは大きかった。かの女の薦めで子楚は秦の正嗣となることができた。正式に王位継承権を得たということである。

呂不韋は、これより以前、望まれるままに子楚に自分の愛人を献上していた。かの女はもと呂不韋の家の踊り子で、そのときすでに呂不韋の子を妊っていた。昭襄王の四十八年正月、前二五九年、始皇帝政は生まれる。正月生まれなので名を政（正）とした。昭襄王が死に、父の孝文王が即位すると、子楚は皇太子となった。ところが孝文王は即位のわずか三日後に急死する。急遽皇太子の子楚が位に即く。荘襄王である。邯鄲の街で見知った「奇貨」は、ついに一国の王の座に即いた。当然功労者である呂不韋も、いつまで政商であるはずはない。いまやれっきとした秦国の宰相であった。この荘襄王も即位三年で死没する。そこで政が、王位に即く。始皇帝である。時に前二四七年、政十三歳であった。呂不韋は引きつづいて相国、いわば総理となり、十万戸の封邑を与えられ、仲父、二番目の父と尊敬され、文信侯と称された。まさに日の出の勢いであった。

秦王政が幼少であったため、政治の実権は大臣に委ねられた。当然、呂不韋に権力が集中する。宰相として百官を統率するとともに十万戸の封邑をも領有し、堂々たる封建大名の観があった。呂氏一家での使用人が一万人、食客も三千人という。おそるべき富と権力である。そして、この時期に賓客たちに命じてつくり上げたものが『呂氏春秋』の一書であった。『史記』の「呂不韋伝」によれば、このころ呂不韋とかつての愛人であった秦王政の母太后とは、再び関係を結んでいたという。ただ呂不韋はことが露見した場合を惧れて別の男をかの女に近づけた。嫪毐である。嫪毐は宦官であると偽って太后に近づき、その寵愛を得、太后との間に二子を産むほどの関係ともなった。したがって嫪毐の権力も絶大なものであった。百官のだれもがこの年若い寵児に低頭した。しばらくこうした状態が続いたが、幕切れは意外にあっけなくやってきた。

秦王政の九年、成人式を秦の旧都雍で行うため、政は都を留守にした。この留守に嫪毐は、何を焦ったのか反乱を企てて雍を攻撃しようとした。密告によってこれを知った政は、すかさず都の咸陽を攻め、嫪毐一味を逮捕すると、ことごとく梟首車裂の極刑に処した。

実際のところ、年若い蕩児が本気で反乱を企てたのかどうか疑問もあり、案外すべてが始皇帝の側から仕掛けられた罠だったと思えぬこともないのであるが、この事件は思いがけぬ波紋を生じた。呂不韋の失脚である。つまりかれと太后、嫪毐との関係がこの事件を契機にすべて暴露されてしまったのである。十年十月、呂不韋は相国を免ぜられ、封地の河南に去った。そしてその翌年、追討ちをかけるように蜀に流罪と決まった。このとき呂不韋は自殺した。前二三六年である。呂不韋の賓客たちは、他国人は国外追放、秦国人は蜀に配流と決まった。大弾圧である。これによって呂不韋の誇った三千人の客集団は、あえなくも崩壊した。始皇帝の真のねらいも、おそらくはそこにあった。

以上は『史記』の「呂不韋伝」を主として見た伝記である。たしかに、呂不韋は数奇な運命を生き悲惨な死を迎えた。そのように書いてある。そしてそれは大筋として正しいであろう。しかしこの伝記については一、二の補足をしておきたい。その第一は、「呂不韋伝」の記述によると始皇帝はあたかも呂不韋の子であるかの如くに読める。しかしこの記事は『戦国策』や『史記』の「始皇本紀」には一切ない。こうした場合、こと帝王に関するかぎり、その像は「本紀」から組み立てるのが正しい。したがっていかにもっともらしくとも、「呂不韋伝」の記述は、一つの俗説に過ぎない。第二は、上記のことをも含めて「呂不韋伝」

は、かれの行状をあまりに興味本位に書き過ぎているのではないかということである。たしかに、一介の商人から大国の宰相へとのし上がったかれの経歴は、興趣をそそるものである。おそらく多くのかれをめぐる逸話がつくられ、伝えられていたであろう。しかしあまりに興味本位ではその実像を理解することはできない。はじめから色眼鏡で呂不韋を見てしまうからである。「呂不韋伝」はその惧れなしとしない。気をつけねばならないことである。わたしは『史記』の良書たるを疑うものではないが、こと「呂不韋伝」に関するかぎり、司馬遷は少し余分に面白くつくり過ぎたのではないかと思っている。

二　『呂氏春秋』の内容

戦国末期の思想界は、ひとくちにいって諸子百家と称される自由思想家たちの奔放なまでの個我の主張が、ひとまず展開の時期を終えて、次の飛躍を準備すべく沈潜し、集約しつつ新たな道を模索する時代であった。政治的にも、たとえば孟子のころのように中国が分裂したなりに諸国の力のバランスがとれていた安定期は過ぎて、明らかに東西の二強国、秦と斉とが中原諸国を巻きこんでの統一戦争の時代へと激しく動いていた。時代はようやく分裂・個我から統一・総合へと向かっていた。だれもがそう予感していた。『呂氏春秋』はこうした時代の産物であった。

『呂氏春秋』百六十篇は、十二紀・八覧・六論の三部門から構成されている。その成立については議論も存するのであるが、わたしは十二紀がまず成立し、次いで八覧・六論がその補遺としてつくられ付加されたと考えている。つまり『呂氏春秋』は、十二紀を本とし、八覧・六論をその補とするのである。十二紀の末尾には、後序のような恰好で序意篇があって、「維れ秦の八年、歳は涒灘に在り。秋甲子朔、朔の日、良人十二紀を請い問う、文信侯曰わく……」と成書の由来を述べている。ここにいう「秦の八年」は、始皇即位の八年ではなくて、荘襄王が周を亡ぼして以来の八年目、すなわち始皇六年、前二四一年のことである。そうでないと「歳は涒灘」、歳星が申の位置にあるというのと合致しない（孫星衍の説）。このとき呂不韋は、相国として百官を統率して最も脂の乗りきった時期であった。おそらくこのころ全国から賓客を招集してこの書の編輯も行っていたのであろうと思われる。『史記』の「太史公自序」によると、「呂不韋蜀に入りて世呂覧を伝う」とあって、「呂覧」は「八覧」を主として見た場合の『呂氏春秋』の呼称であろうから、八覧は呂不葦が秦を追われて蜀に流されたのちに編輯され世に出たもののようにとれる。実際は呂不韋は入蜀していないので、その一門の者の編輯であるが、そうなるとこれは始皇十一年以後のこととなる。なお八覧については特徴的な形式があることを指摘しておきたい。それは八覧の冒頭「有始覧」の有始篇から第七篇の諭大篇までそれぞれの篇末に「解在……」の文があって、その「解」にあたる部分は、八覧の第二「孝行覧」以下「恃君覧」まで、そして「六論」中の「開春論」「士容論」にも飛び離れて及んでいる。この八覧の形式は、おおまかないい方をすれば冒頭の「有始覧」が「経」説に当たる一篇で、これと「孝行覧」以下の解説七篇とで経と解のセットとなり、解説の一、二が紛れて「六論」にも散らばったということである。こう考えると八覧・六論は、元来が「有始覧」中心に経とその解説およびそのさらなる補遺という形でひとまとまりであったように思われる。そしてこの「解在……」の形式が、十二紀にたえてないことは、十二紀と八覧・六論とが本来別行していたことを示唆している。

そして内容的にも八覧・六論が、十二紀より後の成立だと思われるものに「審分覧」「慎勢篇」の「封建論」を説く一節がある。政治の体制を封建制がよしと説くことはいつ説いても特に問題はないのであるが、それが秦の国家で真に意味をもつのは、これと対立する郡県論との争いの場においてである。この体制論議が賑やかに闘わされたのは、始皇二十六年の統一から三十四年の郡県制再確認の時期にかけてである。少なくとも始皇初年においては、「慎勢篇」で説くような「封建論」はまるで意味がない。そのころは、だれしもがそう考えているからである。実際は、二十六年の統一後、いったん郡県制に決定したものが、内部の封建制支持者にはげまされて、三十四年再度公の場で体制論議がむし返され、激論される。おそらくこうした状況下で、呂不韋門下の生き残りが封建論こそよしとしてここに収載したのであろう。もしこう考えられるならば、八覧・六論の二次的な編輯は、始皇統一後のことである。少なくともこの時代のものまでも一部に含んでいるということである。

『呂氏春秋』は、こうして「秦の八年」の十二紀中心の第一次編輯から入蜀後の八覧の成立を経、さらに統一後に八覧・六論の第二次編輯・補遺もあり、しかも第三次として別行していたらしい十二紀・八覧・六論が合集されて今日に伝わる形になった、と考えられる。

それでは『呂氏春秋』の大本のものが十二紀であるとして、そこではいったい何がどのように主張されているのであろうか。次にこのことについて述べておきたい。

『漢書』の「芸文志」は、漢代の図書目録であるが、『呂氏春秋』は諸子の部の「雑家」といわれる項目にくくられている。雑家というのは、儒家や道家・法家等のいろいろの思想が入り混じっているという意味である。たしかに『呂氏春秋』にはそうした雑家といわれてもしかたがないほどに多くの思想が混じっている。たとえば礼をいい楽をいうのは明らかに儒家のものであろうし、無為であれといい養生を説くのは道家の主張である。陰陽の気の重視や墨家集団の決まりを説くものもあり、兵事を縷説する部分もあれば、まとまって農業理論を説くものもある。いわば百科全書なのである。そこには何でも書いてあり、また学び取ることができる。だからこそ呂不韋は「天下の万物古今の事」を備えたと豪語したのである。

しかし雑多なものが雑多なままで投げ出されていたのでは、たいした意義はない。『呂氏春秋』の十二紀はそこに工夫を凝らした。つまり多様なものを何によってまとめるか、である。十二紀は当時最も新しい「時令」の思想をここに導入した。そしてこの「時令」を通じて多様な自然界や人間界の事象を統一づけようと試みた。従来から人間の正しい生き方として、道に従えとか天に循えとかいわれるが、具体的にはそれがどのような行動なのかいま一つ判然としない。この点を「時令」ははっきりさせた。すなわち一年を、春夏秋冬、さらに十二月に分割して、この月の天文気候、自然の状態から人間の日常生活までを規定し、それに従って行動せよと説くのである。換言すれば、天道・自然に従っての人間行動がわかり易くここに指示されているのである。『呂氏春秋』十二紀は、こうした「時令」をいう一文を十二月の各月の冒頭においてその月の性格を規定し、以下それに見合った人事教訓をいう四篇ずつを付載して、いっそう具体的な指針を与えるという体裁をとっている。

そこで何よりもまず、少し長いものであるが十二紀冒頭にある「時令」とはどんなものなのか、その例を挙げておこう。仲秋八月の場合である。

●仲秋八月には、日は角にあって、夕方に牽牛が南中し、朝方に觜觿が南中する。その日がらは庚と辛。この月に祭る神は帝の少皞と神の蓐収。その虫は毛物。音は商。律は南呂。数は九。味は辛。臭は腥を主とする。その祀は門、祭るには肝臓を先にする。

●大風が吹き、鴻雁が北から来、燕は南へ去り、群鳥は羞を養える。

●天子は明堂の総章大廟にいて、兵車に乗り白馬を駕し、白旗を立て、白衣を着て、白玉を帯び、麻の実と犬の肉とを食べる。器物は方形で、中の深いものを用いる。

●この月は衰老の人を養って、ひじ掛けと杖を与え、かゆの食べものを下賜する。衣服を司る役人に命じて祭りの衣装を調えさせる。衣装の飾りには決まりがあり、裁ち方にも大小長短の制度がある。その他の衣服にも制度があり、必ずその決まりに従い、冠や帯は衣服に合わせてつくる。役人に命じて再び刑罰を厳しくし、斬や殺の重刑は、必ず法に合致していることを必須とし、曲がった裁判があってはならない。曲がった裁判があると災厄をうけることとなる。

●この月は宰祝に命じて、犠牲を養うところを巡視させ、体骼がそろっているかを見、芻豢の飼い方を調べ、肥瘠を見、毛色を見、さらによいものを比較し、大小を量り、長短を比べて基準に合わせる。この五点が基準に達すれば、上帝もその犠牲をうける。天子は陽気を抑えて、秋の気の流通を図る。この月は麻の実が熟すので、犬の肉に添えてその実をなめ、寝廟に供える。

●この月は城郭を築き、都邑を建て、穴蔵を掘り、穀物を倉に納める。役人に命じて農民に収穫を勧め、とくに野菜を蓄え、その他多くのものを集めさせる。次に麦を植えさせて、時期を失わないようにさせる。もし時期を失う者がいたら、処罰する。

●この月は昼夜が等しく、雷鳴も聞かない。冬ごもりの虫は土中にかくれ、陰気はようやく盛んになり、陽気は日増しに衰えて、水が枯れ始める。昼夜が同じになったときに度量を同じにし、権衡のはかりを均しくし、鈞石のおもりを正しくし、斗桶の升目を同じにする。

●この月は関所と市場の税を軽くして商人を来やすくし、財貨を国に入らせて、民衆生活の便宜をはかる。人々が四方から集まり、遠方からも訪れるようになれば、財物は豊かに、国家も必要なものは入手でき、万事うまくいかせることができる。この季節に大事業を興(おこ)すときには、天道に逆らってはならない。必ず秋の気に従い、謹(つつし)んで事類に合うようつとめる。

●仲秋八月に春の政令を行えば、秋雨が降らず草木がはびこり、国内に火災の恐れがある。夏の政令を行えば、国に旱魃(かんばつ)が起こり、蟄虫(ちっちゅう)もかくれず、五穀は収穫後にまた生じてくる。冬の政令を行えば、寒風の災害がひどく、収まった雷がまた暴れ出し、そのため草木は早く枯れる。

このように「時令」というのは、はじめに太陽や南中する星、これに対応する五行(ごぎょう)のそれぞれから説き起こし、時候を述べ、これに応じて天子の居処(きょしょ)、衣服、食物が決まり、行政上注意すべきこととして養老や裁判があり、秋の祭りが準備され、土木事業や来年の予定が指示され、生活や商業のための便宜(べんぎ)もはかられ、大事業は天道に従え等々と、この月が如何(いか)なる月であり、何をどのように為(な)すべきかを諄々(じゅんじゅん)と説くのである。そして最後にこれらに違反した場合、災厄の降(くだ)ることを警告して文を閉じる。これが「時令」のスタイルである。一年十二ヵ月の各月はすべてこのように説かれる。

そしてこの「時令」の文のあとに人事教訓をいう四篇が各紀に接続する。それはあたかも自然のあり方から人事を経綸め、そこから人それぞれの行動予定を立てていこうというもので、それはまさに自然と人間を一つに結んだ哲学そのものである。たとえば孟春の月、一月を見るとこうある。この月は天の気下降し、地の気上騰して生物萌動の月であるから人の生や本務を天の始生に基づけて全生を説き（本務篇）、欲望を適度にせよと論じ（重己篇）、また人の本性を主とする反面、天下和合の公平を主張し（貴公篇）、かくして私心を去るべきだと論じる（去私篇）。これがいちばん自然とぴったりした生き方だからである、と。『呂氏春秋』の雑多さは、こうして「時令」の思想によって統一づけられ収斂される。ここにこそ、たんなる雑多さを超えようとする『呂氏春秋』の工夫があり、特徴があったのである。

三　「不二篇」のことなど

「審分覧」「不二篇」は多くの人の意見を聞いて政治を行っていたらうまくいかないと前置きして、その例を戦国諸子にとってこう述べている。

老聃は柔を貴び、孔子は仁を貴び、墨子は廉を貴び、関尹は清を貴び、子列子は虚を貴び、孫臏は勢を貴び、王廖は先を尊び、陽生は己れを尊び、田駢は斉を貴び、児良は後を貴ぶ。

まことに十人十色である。だから「能く万不同を斉しくし、愚智巧拙皆力を尽し能を竭して一穴より出づるが如くならしむるものは、それただ聖人か」と、聖人だけがばらばらなものを一つにまとめて力を出させることができると文を結んでいる。従来戦国の思想家たちを批評する文章は多い。たとえば『荘子』「天下篇」があり、『荀子』「非十二子篇」がある。『荀子』では墨子や宋鈃・恵施から子思・孟子までの十二人が取り上げられ、かれらはいちように是非善悪の基準を混乱させたと非難される。そして唯一正しいのは、尭舜から孔子・子弓と伝わった道統を継承する荀子その人だという。つまり自分以外の学説はみな欠陥をもち悪なのである。『荘子』の場合においても、立場はこれと等しく、ひたすら排他的に自己の正しさのみを主張する。これが普通である。

しかし時代が進み、学問が普及し、世の中での交流もいよいよ激しくなっていくとき、いつまで自分だけが正しいといい切れるのであろうか。正直に自分を振りかえってみるとき、自分の主張の中にいかに他者の意見が融け込んでいることか。それならば自分が正しいと主張するとき、それは同時にかなりの程度において他者の正しさをも容認しているのではないか。さらに一歩を進めれば、排他的にではなく、他者の長所を取り入れつつ己れを創っていけばいっそうよいのではないか。『呂氏春秋』は、それは完全には「聖人」だけができるのだというが、「不二篇」の論調は、明らかにこの方向に一歩を踏み出している。それぞれの長所を取り込みたいのである。通常、先秦の学者は一家の学を専攻し、秦漢以後は諸家を兼修するといわれるが、「不二篇」の文章を見ていると一家から諸家の兼修へと推移しつつあるこの時代の学問状況がよく反映されているようである。

『呂氏春秋』で注意されることに、音楽への関心の強さがある。夏の節季の仲夏と季夏に付属する各四篇の内容は、すべて音楽である。仲夏に大楽・侈楽・適音・古楽、季夏に音律・音初・制楽・明理、いずれも音楽論である。なぜ夏期は音楽なのであろう。おそらく孟夏が主として勧学・尊師など学問をいうのに対して、その実践でもある音楽をここに置いたのであろう。それにしても、この時代のいわば自然の音以外に音のなかった世界では、さまざまな楽器がつくりなす音の響きは、聞く者に現代人とは異なった感動や影響を与えたことであろう。おおいに興味のもたれるところである。元来音楽が、礼楽と熟して重視されるのは古くからであるが、それがこの時代いちだんと社会的な広がりを見せ、だからこそ八篇もの音楽に関する記録がここに輯載されたのであろう。また音楽に関するまとまった資料としてもこれらは貴重である。

理論的なものに六論の最末尾にある「上農・任地・弁土・審時」の農書四篇がある。これはおそらく稷下の農学者許行らの伝えた書の一部で、今日に遺存する最古の農書である。

いままで十二紀・八覧・六論の三部門をばらばらに見てきたが、それでは『呂氏春秋』を一貫するものは何かといえば、そのテーマは、「士」の問題である。君主に仕える士人はいかに行動すべきかが、この三部門を通じてさまざまな説話で語られる。同時に「士」が生命と頼む君主のありようもきびしく問われる。たとえば伯夷・叔斉や介子推の説話のように。しかし「士」の倫理は「これだ」というものはない。模索の時期なるが故であろう。

一般的にいって『呂氏春秋』には強烈な主張はない。編輯ものだということに一因もあるが、全体として当時に至るまでの伝説や説話、学説を網羅し、いわばこれを常識で取捨整理したおもむきである。だから独創性には乏しい。しかし内容はきわめて広博である。おそらくこうした広博さは、やがて学問が「博学」を土台として成立する中国の伝統の明らかに魁をなすものといってよいであろう。これもまた一つの特徴である。

『呂氏春秋』に最も早く注釈を施したのは、後漢の高誘で、いまもって権威をもっている。わが国に伝来したのもこの高誘注本で、平安朝の藤原佐世の『日本国見在書目録』中にも載せられている。校本は種々あるが、清朝の畢沅の経訓堂本がすぐれている。研究書として江戸時代の荻生徂徠『読呂氏春秋』や蒲坂青荘の『呂氏春秋補正』がよく読まれている。近年のものでは、許維遹『呂氏春秋集釈』が先人の業績を集めて簡要であるが、これを引きついでさらに近ごろ陳奇猷『呂氏春秋校釈』の好著が刊行され、いっそう便利となった。本書は文字の誤脱・訂正等多く『校釈』によった。なお本書は、『呂氏春秋』三部門の中で十二紀から説話を中心に摘録した。

KODANSHA

本書は、一九八七年七月小社刊『中国の古典　呂氏春秋』を底本としました。